国家电网有限公司"领导班子和领导人员考评研究"课题组

组　长　张　磊

副组长　杨　浩　吴向京

成　员　赵秀坤　陈　彬　张国红　张　庆　王宇宾
　　　　杨京桦　孙　峥　薛　峰　董洪洋　张贯一
　　　　火雅琳　郭　京　李　尧　聂　智　仲昭朋
　　　　汪　洋　孙　涛　郝景明　郝向军　张艳娟
　　　　汤敏慧　张　研　王天平　田　勇　刘　宇

GUOYOU QIYE LINGDAO BANZI
HE LINGDAO RENYUAN KAOPING TANJIU

国有企业领导班子
和领导人员考评探究

——以国家电网省级电力公司为例

国家电网有限公司专项课题组　编著

人民出版社

目　录

前　言

　　当前，我国经济已由高速增长阶段转向高质量发展阶段，正处在转变发展方式、优化经济结构、转换增长动力的攻坚期。党的十九大站在新的历史起点对全面深化改革作出全局性谋划。国有企业要继续推进优化重组和央企股份制改革。垄断行业等基础性关键领域改革要取得新突破，推进能源生产和消费革命，构建清洁低碳安全高效的能源体系，打赢污染防治攻坚战。同时，要把高质量发展作为确定发展思路、制定经济政策、实施宏观调控的根本要求，坚持质量第一、效益优先，以供给侧结构性改革为主线，不断增强我国经济创新力和竞争力。

　　正确的政治路线确定之后，干部就是决定因素。在2018年7月召开的全国组织工作会议上，习近平总书记指出，贯彻新时代党的组织路线，建设忠诚干净担当的高素质干部队伍是关键。要建立日常考核、分类考核、近距离考核的知事识人体系，强化分类考核，近距离接触干部，使选出来的干部组织放心、群众满意、干部服气。

　　一直以来，我国国有企业领导层评价大多依据党政领导干部考评和企业经营管理人才绩效考评方面的理论。对于既有党政领导干部特征又有经营管理人才职能，特别是还需要企业家特质的国有企业领导人员考评，相关专业研究成果较少，系统性理论支撑不足，对其专业性的研究仍处于探索和实践阶段。实践中，许多从事国有企业组织人事工作的专业人员经常会有是把国有企业领导人员归入领导干部还是经营管理人才队伍序列的困惑。理论上的薄弱使得领导人员考评工作的系统性和有效性中气不足，在方向把握和实际探索中存在不确定性。在评价理论、评价方法和实际需要之间，对任何因素的忽视或者匮乏，都会将考评引向误区。

本书以国有企业领导班子和领导人员考评为研究对象，以国家电网有限公司（以下简称"国网公司"）省级电力公司为例，重点对省级电力公司领导班子和领导人员考评的发展历程进行梳理，详细阐释了考评内容、考评方式和考评结果应用，并结合大量国内外相关文献和知名企业的典型做法，知古鉴今、博采众长，提出了国有企业领导班子和领导人员考评的关键要素。

国网公司自 2002 年 12 月 29 日至今，已成长为全球最大的公用事业企业。公司经营区域覆盖 26 个省（自治区、直辖市），占国土面积的 88% 以上，供电人口超过 11 亿。同时还稳健运营菲律宾、巴西、葡萄牙、澳大利亚、意大利、希腊等国家的海外资产。国网公司连续 13 年被国务院国资委评为业绩考核 A 级企业，跃居中国企业 500 强和中国 500 最具价值品牌中的第 1 位，在世界 500 强中的排名从第 46 位上升至第 2 位。国网公司为什么能在市场竞争中脱颖而出？靠什么走出了一条具有中国特色的电网企业创新发展之路？本书通过大量走访、座谈，讲述了公司总部、分部、基层单位员工对领导人员考评的切身感受，从被考评对象的维度验证考评的有效性和重要性，并提出了未来领导人员考评改进提升的方向。

　　本书是系统阐释国有企业领导班子和领导人员考评的著作，不仅对于国有企业领导人员管理大有裨益，而且对于行政事业单位干部管理有借鉴意义。相信通过本书介绍的考评模式，必然能在一定程度上推动新时代党的组织路线的贯彻落实，促进各行业高素质干部的涌现，激励干部各尽其能、才尽其用，为新时代中国特色社会主义进行伟大斗争、建设伟大工程、推进伟大事业、实现伟大梦想凝聚起磅礴力量。

第一章
国有企业领导层考评

一、中国国有企业

1. 国有企业

在不同国家、不同历史时期，国有企业的概念和界定标准是不同的。比如：在美国，国有企业，是指企业全部资产归国家所有并由国家经营管理的企业；在英国，凡企业的董事会成员由内阁各相应大臣任命，其报告和账目由国有化工业特别委员会进行检查，年度收入不能全部或不能主要依靠国会提供和财政部门预付其资金的企业，均称为国有企业；在法国，凡所有权为国有、具有独立的法人地位且从事工商经营的企业，即为国有企业；在加拿大，公共企业一般就是指国有企业。世界银行对发展中国家国有企业专门有定义：国有企业是由政府拥有或控制的经济实体，他们从出售商品服务中得到收益，政府通过其所有权权益控制企业的经营。

在中国，国有企业的概念和内涵也是随着实践发展而不断变化的。计划经济体制时期，国有企业的概念被界定为："生产资料归全体人民所有，并通过国家共同占有的一种公有制企业形式。"社会主义市场经济条件下，国有企业概念应重新界定为："资本全部或者部分属国家所有并为国家直接或间接控制，具有社会公益性目标的企业。"中国社会科学院金培对国有企业的定义为："国有企业是由国家（政府）出资建立的、所有权归国家和全体人民共同所有的企业。其基本特征是：国家是其所有者和经营主体并对其生产经营进行管理；国有企业体现国家参与经济活动的特殊行为。"

1.1 国有企业起源

所有权归国家所有是国有企业的标志性特征。符合这种性质的组织在公元前800年就已经出现。在中国从西周到明代的2000多年里，早期的官营手工业专职服务统治阶层，后来扩展至民间，逐渐发展出了与近现代相似的管理、控制国民经济的作用。西方国家的官营产业也早在古罗马时期就出现了，以军需物资生产作坊为起点，发展到金银铁矿的开采权和皇家手工业工场。

1.2 现代国有企业

现代意义上的国有企业是在第一次工业革命后的资本主义国家发展起来的，随着发展逐渐具备了提供公共产品、限制私人垄断以及发展经济等职能。

二战前，以英国、加拿大等为代表的发达国家国有企业发展迅速，特别是在二战时期，资本主义国家发展了以战争为需求的国有企业。而以中国为代表的发展中国家在 19 世纪末期到第二次世界大战结束，由于一直受到殖民主义国家的压迫和剥削，致使经济发展和科学技术水平落后，统治者不能正确地认识国有企业的作用，反而将其作为剥削的工具，导致此时期国有企业的发展停滞不前。

二战后，国有企业进入了新的发展时期。发达国家和发展中国家所面临的形式有所不同。西方发达国家的国有企业进入大发展时期，除美国等少数国家外，大部分发达国家经历了轰轰烈烈的国有化浪潮；社会主义国家基本都遵循了苏联的路线，实行全盘的国有化，以中国为代表的发展中国家开始逐步独立，在经济上缓慢踏上独立自主之路。

20 世纪 80 年代后，随着资本主义国家私有化浪潮的掀起，国有经济在国民经济中的比重出现了下降的趋势，资本主义国家国有企业占比降低。多数社会主义国家的国有企业占经济的比重普遍比资本主义国家高，而且私有化的进程比较缓慢和温和，逐步踏上了国有企业改革之路。

从世界和历史角度总结国有企业的发展历程，如下图所示：

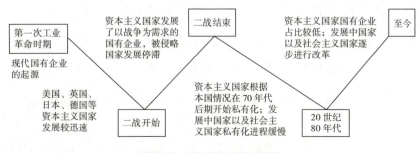

国有企业的发展历程示意图

1.3 国有企业发展历程

对于西方资本主义国家而言，19 世纪 70 年代前，国有企业的存在多是为了满足国有企业服务于公用事业的职能而在自由市场条件下衍生出来的。这个时期的国有企业在整个国民经济中通常局限在邮政、烟草、铁路等有限的行业中。19 世纪 70 年代后，随着资本主义的发展，国有企业在经济活动中服务私人资本的作用愈加明显。在 19 世纪末，资本主义从自由竞争向垄断发展时，国有企业起到了辅助和引导私人资本发展的作用。到了 20 世纪初，垄断已经达到高度集中的时期，政府通过国有化浪潮促进资本的进一步集中。比如：典型的英国和法国，其国有企业发展历程大体是：

英国由于受旧有资产的阻碍、新技术的应用滞后、国内垄断形成较晚。二战前国有企业在英国的规模很小，作用微薄。二战后，英国经历了三次国有化的浪潮：第一次是工党以建立民主社会主义和福利国家为政策导向，在 1945—1951 年工党执政时期发起的。第二次是 1964—1970 年工党执政时期。这段时期工党加大力度继续推行国有化计划，试图通过国有化挽救运行困难和私人经营亏损的重要工业行业。第三次是 1974—1979 年，工党执政时期由于与保守党的执政思想相左，又一次回到了国有化的道路上。在 1979 年撒切尔夫人上台之后，以其强有力的政策开始掀起了私有化的浪潮，结束了国有企业在英国短暂的统治地位。

法国国有企业的发展大致可以划分为四个阶段：第一阶段是

20世纪初到30年代。这一阶段的国有化主要是应战时需求而产生。第二阶段是从20世纪30年代到第二次世界大战时期，为了缓解经济危机带来的衰退。第三阶段是二战后到20世纪70年代末期。这一阶段政府颁布了具有法律地位的国有化条令，对国有化资产进行了大规模的合并。第四阶段是20世纪80年代前期左翼执政党拟定了更进一步的国有化政策，由于政策并未达到预期的效果，国有化政策随着1986年右翼政党的上台而终结。

中国现代国有企业发端于19世纪70年代的洋务运动。政府采取"官督商办"的形式创办企业，鼓励民间资本和人才参与到洋务运动中，政府掌握经营的主导权，主要企业有轮船招商局、上海机器织布局等，19世纪90年代以后逐渐没落。新中国在成立初期，为了迅速确立社会主义制度的经济基础，改变长期贫困落后的状况，国家建设和发展了一大批国有重点企业。改革开放后，改革国有企业、发展私营经济、建立社会主义市场经济体制成为经济改革的方向和目标。

从改革开放开始，中国国有企业大致经历了五个阶段：从国有国营到放权让利阶段（1978—1984年）、政企分开与两权分立阶段（1985—1992年）、建立现代企业制度与抓大放小阶段（1993—2002年）、国有资产管理体制与股份制改革阶段（2003—2012年），以及深化改革阶段（2013年至今）。

平均而言，多数发展中国家以及社会主义国家其国有企业占经济的比重普遍比资本主义国家要高，而且私有化的进程比较缓慢和温和。

2. 中外国有企业定位异同

2.1 共同点

建立国有企业的途径基本相同。不论是中国还是发达资本主义国家，国有企业建立的途径大都是经过赎买、政府直接投资和国家持股参与而建立的。由于两种截然不同的社会制度，在建立国有企业基本相同的途径中也有所不同。资本主义国家建立国有企业是为了强化垄断资本的统治，它决不会牺牲私人资本的利益去建立公有制。

国有企业布局的演变趋势相似。我国国有企业的演变趋势与西方国家国有企业相似，也经历了形成、发展、扩张和收缩等历史阶段，民营和外资经济占国民经济的比重逐渐上升，国有企业布局的行业和范围逐渐收缩。近 20 年来我国国有经济占 GDP 比重从改革开放初期的 90% 下降到 30%。西方国家亦如此。法国从 20 世纪 80 年代的 10% 下降到目前的 5%，国有经济普遍从竞争性领域、非公共领域淡出。但是，即使是在高度发达、非常完善的市场经济条件下，国有企业仍然具有其重要地位，承担特殊的职能。

经营国有企业的方式灵活多样。美国主要以出租和承包的方式经营国有企业，政府不加干涉；法国主要采取与企业签订项目合同的方式管理国有企业，以保证国家计划的实现。经营方式虽然多种多样，但组织上都采取了公司制的形式，普遍实行董事会领导下的总经理负责制。中国国有企业经过 40 年的改革历程，当前经营方式也是多种多样的。包括国有独资公司、国家直接控股公司和国家间接控股公司，其组织形式也普遍实行董事会领导下的总经理负责制。

2.2 不同点

建立国有企业的目的不同。资本主义国家的国有企业是以保证私人垄断资本获取高额利润，加强私人垄断资本实力，巩固垄断资本统治为其终极目的的。当然，它毕竟不是为某个单个私人资本服务，要照顾到国家整体利益，但无论怎样，它们的目的都不是为了维护劳动人民的利益的。中国是社会主义国家，建立国有企业的最终目的是为了保证广大劳动人民真正行使当家作主的权利，最大限度地满足人民日益增长的美好生活需要，避免收入两极分化，实现共同富裕。

国有企业存在的领域和范围不同。资本主义国家的国有企业并不是在各个部门、各个领域都存在，主要集中在石油、钢铁、电力、航空、铁路、邮政等关系到国民经济命脉的经济部门。中国的国有企业存在的范围和领域要广泛得多，既包括国民经济的重要部门和关键领域，也包括一般性行业和部门；既包括垄断性行业，也包括竞争性行业；既包括重点企业和骨干企业，也包括大量的中小企业。

国有企业在社会生活中作用的大小不同。不同社会制度下的国有企业在社会生活中的作用相似，如稳定经济、调节经济结构、促使社会结构的升级和优化、引导社会的发展方向，但二者在社会生活中所起作用的大小程度不同。社会主义国家国有企业作用要远大于资本主义国家国有企业。比如：中国国有企业存在的范围和领域要比资本主义国家广泛得多，对社会经济和人民生活的影响显然要比资本主义国家的国有企业大得多。中国国有企业掌握着国家经济命脉，在国民经济中所占比重要比资本主义国家高得多。

综上所述，国有企业在国家经济发展中发挥着独特的作用。随着各国经济发展的时期不同，其发挥的产业功能也不尽相同，中外国有企业的发展均有这样的特点。而这种特点在我国推进工业化进程的不同阶段表现得尤其突出。可以预见，未来国有企业的布局和配置还将继续变化。

3. 中外国有企业经营异同

3.1 出资人模式

共同点：国有企业的国有出资人模式是国有资产管理体制中的核心问题，各国的国有企业出资人模式也不尽相同。根据各国履行国有企业出资人职责的部门是否集中，可以将国有企业出资人模式划分为分权模式、双重模式和集权模式。英国主要采取集权式的国有企业出资人模式，其主要标志是股东执行委员会的成立；德国采用了分权式的国有企业出资人模式，联邦、州政府、市政府都可以对国有企业进行参股；美国采用的是集权式的国有企业出资人模式，议会决定对所属国有企业是否给予财政拨款，给予多少拨款，拨款的无偿或有偿形式，以及有偿拨款的偿付方式；加拿大采用的也是集权式国有企业出资人模式，管理局中的国库委员会批准国有企业的资本预算和其他部门的预算；日本采取分权式国有企业出资人模式，中央政府和地方政府可以共同投资国有企业；新加坡国有企业出资人采取集权模式和双重模式相结合的方式，其中集权模式主要通过政府控股公司来实现，而双重模式则主要是通过设立法定机构来实现。

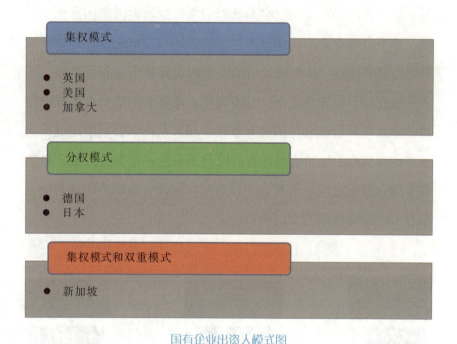

国有企业出资人模式图

3.2 治理模式

国有企业选择哪种公司治理模式是在国有经济微观领域中关系国有企业经营成败的重要问题。在国有企业的公司治理中，各国的治理模式也存在很大差别。英国国有企业设有董事会，董事会在一定程度上受主管部大臣领导；德国的公司治理结构中股东会、监事会和董事会具有上下级层级关系，股东会下设监事会，监事会向股东会负责并报告工作，监事会下设董事会，董事会向监事会负责并报告工作；美国的公司治理结构由股东大会和董事会组成，不设监事会，董事会既是决策机构也是监督机构，美国公司的董事会以外部董事为主；加拿大的国有企业设有管理局和董事会，管理局负责向议会和政府内阁汇报政策内的国有企业情况，董事会对企业的一切重大生产经营活动进行决策，并受管理局的监督和指导；日本的公司治理结构设置董事会和监事会，两者并列存在于股东会之下，互不隶属。董事会的成员大多数由公司各事业部部长或分厂的领导兼任，通常是在本公司中经过长期考察和选拔的；新加坡国有企业设有董事会，董事会由独立董事和非独立董事组成，董事会下设执行、审计、薪酬等职责明确又具有一定制衡作用的专门委员会。

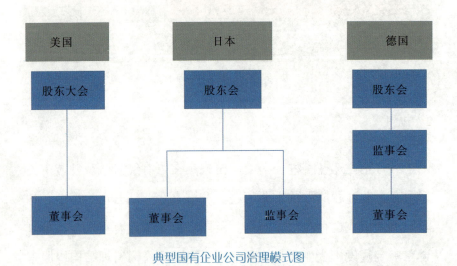

典型国有企业公司治理模式图

3.3 监管机制

各国政府对国有企业采取的监管机制存在一定差异。英国采取的是双重监管机制。一是政府通过财政部对国有企业的财务进行监管，二是议会通过立法来对国有企业进行监管和控制。德国采用多渠道的监管机制，通过监事会、财政、群众职工及中介机构进行监督；美国对国有企业监管是通过以国会为主的监管体系进行的，形成以国会立法为核心进行监管的特点；加拿大通过立法对公司领导人的任命及审计等方式对国有企业进行监控，形成了以议会为核心的监管机制；日本对国有企业施行股份制监管机制，通过互相派代表进入对方董事会来进行相互监督；新加坡则采用两权分离监管机制对国有企业进行监督。

各国国有企业监管机制

国家	监管机制
美国	以国会立法为核心的监管机制
英国	双重监管机制
加拿大	以议会为核心的监管机制
日本	股份制监管机制
德国	多渠道监管机制
新加坡	两权分离监管机制

3.4 领导人员选用

在国有企业领导人员选用方式上，加拿大、日本两个国家基本相同，虽然在国有企业领导人员任命的具体形式上和进行选拔任命的具体部门上有所差异，但实质上都是各国政府对国有企领导人员进行选用。如：加拿大国有企业的董事会成员全部由政府任命，总裁也是董事会的成员，一些关键岗位，如财务主管或经营的副总裁也通常是董事，政府有权随时撤换董事，董事和企业高级管理人员的薪资和奖励也是由政府确定。日本国有企业的最高负责人必须经过国会或主管产业部门的批准。

与加拿大、日本政府完全控制国有企业领导人员选用的做法相反，英国、德国、新加坡对国有企业领导人员的选用干预较少，尤其是新加坡，几乎不进行干预。改革前，英国国企领导机构的成员是由主管部门以法律形式任命的，主管部门有权任命所有国有企业董事长、副董事长和董事会成员并享有罢免权，但是在改革后，由非常务董事提出每年董事会改选的候选人名单并由股东大会进行选定；在德国，董事相当于经理，作为公司的高级雇员负责相关领域的经营工作，董事会主席和董事由监事会进行任免；新加坡董事会成员是各行业精英或领袖，是完全根据市场化的原则进行选择的。

相比于上述两种情况，美国政府对国有企业领导人员选用的干预比较适中。美国国有企业及国有混合公司的董事会一般由总统指派董事和股东选举的董事共同组成，州和地方的管理局的董事会成员则由商人和银行家担任，他们由企业和社会团体指派，由州长或市长任命。

4. 中国国有企业特点

中国国有企业不仅是现代企业，还是社会主义企业。中国的国有企业充分体现了社会主义的国家优势、政治优势、组织优势，这是它与资本主义企业最大的不同之处。国有企业涉及国计民生的各个方面，在国民经济发展中起着基础性、主干性、支撑性和引领性作用。国有企业承担着重大政治责任和社会责任，是国家安全，特别是政权安全和制度安全的柱石，也是确保人民实现美好生活需求的保障。尤其是改革开放以来，中国国有企业在国际上占据重要地位。目前，能够在国际市场和西方大型跨国垄断公司相抗衡的，除了极少数民营企业，主要是我国的大型国有企业。中国国有企业大发展的时代正在到来。

从所有权及其主体来看，中国国有企业不是私人所有，而是由国家出资建立的归国家和全体人民共同所有的企业。其主体是工人阶级，职工是企业的主人翁。企业家与职工的关系不是"老板"与"打工仔"的雇佣关系，而是"谁也离不开谁"的共同体。

从社会属性来看，中国的国有企业更接近于"社会企业"。与其他所有制企业相比，国有企业需要承担更多的国家责任和社会责任。一方面它是国家重大发展战略的执行者，另一方面它又是促进区域协调发展、提高民生水平、推动社会和谐的重要力量。

从组织结构来看，中国国有企业是由中国共产党领导的，而不是由某些集团或个人领导的。企业党组织发挥着政治核心和领导核心的作用，这是中国国有企业的一大特点，也是一大政治优势。

从治理模式来看，国有企业通过把党的领导融入公司治理各环节，把企业党组织内嵌到公司治理结构之中，明确和落实党组织在公司治理结构中的法定地位，既能适应社会主义市场经济要求，又能充分发挥我国特有的政治、组织和群众优势。

从监管方面来看，国务院国有资产监督管理委员会全面负责国有资产的管理和监督工作，并且通过与审计署、纪检监察部门的协作加强了监管的力度，充分履行了出资人的职责。监事会接受股东的委托，对董事、经理履职行为进行监督。在监事会与企业党组织，坚持和完善双向进入、交叉任职的领导体制，符合条件的党组织领导班子成员可以通过法定程序进入董事会、监事会、经理层。

从可持续发展来看，国有企业作为政府领导下的独立市场经济主体，既要关注企业的短期营利，从而实现企业本身的生存与发展，又要关注社会的总体利益，从而有助于国民经济的长期稳定与繁荣。国有企业所投资和支持的领域包括公共基础设施的建设，实体经济领域的投入，尖端科技的研发工作，推动绿色产业的发展，以及对本国经济命脉的保护等。正是这些工作为国民经济的可持续发展提供了保证，证明了社会主义相对自由资本主义的优越性。

从社会公正层面看，随着国有企业改革的进一步深化，中国国有企业在缩小收入差距、实现共同富裕方面的作用将进一步凸显，国有企业成为中国全面建成小康社会的重要保障。

从国家治理层面看，国有企业为中国政府的运作提供了至关重要的财政支持，能够抑制自然垄断领域的权贵资本集团的出现，成为中国政府应对各种危机和挑战的重要抓手，是维护国家统一与民族团结的重要制度保证。

我国国有企业具有鲜明的特点，不仅区别于私营企业，也区别于其他国家的国有企业。中国特色现代国有企业制度，"特"就特在把党的领导融入公司治理各环节，把企业党组织内嵌到公司治理结构之中，明确和落实党组织在公司法人治理结构中的法定地位，做到组织落实、领导人员到位、职责明确、监督严格。

5. 党组织与公司治理结构的融合

党组织具有更为有效的监督约束机制，能够成为传统公司治理结构的重要补充。党组织能够定期组织学习讨论活动，从政治思想层面对国有企业员工进行规范；党组织的考核监督体系更加完善，并且在一定程度上独立于企业，能够更严格地对国有企业高管进行考核监督。在高管晋升的时候，党组织对高管的工作考核是其晋升与否的重要标准。另外，党纪比国法更加严格，党的纪律也会对国有企业领导人员的行为产生更加严格的约束作用。

6. "党管干部"与市场化选拔的结合

我国通过"党管干部"的形式掌握国有企业管理层的任命权和推荐权，有利于国有企业人才队伍建设。党组织拥有成熟和完整的干部人才考核、考察和选拔体系，并通过专门的组织部门执行这一职能，因此对于国有企业领导人员的任命和推荐将更加高效，也就能更好地确保国家对于国有企业的控制和影响。由于企业内部的人才培养周期过长，往往无法满足快速变化的人才需求。因此，通过职业经理人市场选拔优秀的管理人才，将成为国有企业选拔领导层机制的一个很好的补充。"党管干部"与市场化选拔相结合的选人用人方式，能够很好地适应我国国有企业分布范围广、发展规模差异大、企业定位不同的特点，是党组织与现代企业制度相融合的成功例证。

7. 国有企业领导层

国有企业领导层在西方国家主要是指董事长、CEO（CFO、COO）或总经理、副总经理等企业高级经营管理人员。在我国原先主要指厂长、经理等企业的经营管理集团成员。随着我国国有企业改革改制工作的推进以及现代企业制度的建立和法人治理的完善，企业的管理层分为董事会、监事会、经理层、党委会等多个类别。按照国资委的一般定义，国有企业领导人员主要包括由国有股权代表出任的董事长、副董事长、董事（不包括外部董事和职工董事），党委书记、副书记，纪委书记，总经理、副总经理，以及按企业领导人员管理权限批准列入相关序列的其他人员。

按照中共中央组织部、国务院国资委党委 2009 年发布的《中央企业领导班子和领导人员综合考核评价办法（试行）》中规定，领导层包含两个重要概念：领导班子和领导人员。

领导班子包括：中国国有企业中的中央企业，其领导班子是指由中央或者国务院国有资产监督管理委员会管理的中央企业领导人员组成的团队。

领导人员包括：（一）设立董事会企业的董事长、副董事长、董事（不含外部董事、职工董事，下同），总经理（总裁，下同）、副总经理（副总裁）、总会计师；（二）未设立董事会企业的总经理（总裁、院长、所长、局长、主任，下同）、副总经理（副总裁、副院长、副所长、副局长、副主任）、总会计师；（三）企业党组（党委）书记、副书记、党委常委（党组成员）、纪委书记（纪检组组长）。

二、领导层考评发展历程

1. 领导层考评及其重要性

1.1 领导层考评概念及内涵

考评主要指领导班子、领导人员考评，重点是领导人员考评。关于考评的基本概念，目前还没有一致、明确的定论。这里我们可以引用 1998 年中共中央组织部发布的《党政领导干部考核工作暂行规定》对干部考核工作所作的解释，就是通过相应程序和方法，对干部业务素质和履职情况进行考察、核实、评价，并将考核结果作为加强干部管理和任用、奖惩的依据。

考评包含考核和评价，考核是考评的主要内容，评价是对考核结果的运用和进一步细化。考察是考核制度的一个方面，它们是有机结合，密不可分的。考评既是干部选拔任用的重要基础，

17

也是干部管理监督的必要手段，与干部考察是紧密联系的。

干部考察是指党委（党组）及其组织（人事）部门按照规定的程序和方法，根据所有干部管理权限，通过对考察对象全面深入的了解和科学公正的评价，是干部选拔、任用、奖惩领导人员的一项重要工作。

要正确把握干部考评的概念，必须把干部考评与干部考察联系起来理解。在实践中，目前对干部考评与干部考察的关系有三种理解，如下图所示。

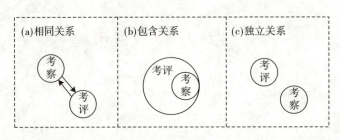

干部考评和干部考察概念关系示意图

（a）相同关系。中组部编写的《干部考察工作问答》一书，在回答什么是干部考察工作时，具体解释为："干部考察，通常也称为干部考核，从干部管理的方面来看考核与考察这两个基本的概念可以通用，考核与考察的概念差不多。"

（b）包含关系。按照《党政领导干部考核工作暂行规定》（以下简称《规定》），把考察作为考评工作的重要内容和组成部分（参考《规定》第二条，对于考核工作的具体定义）。

（c）独立关系。1998年中共中央印发的《党政领导干部选拔任用工作条例》把考察规定为干部选拔任用的一项主要程序，从上述规定和此后的实际工作看，党政领导干部的考察与考评有着不同的适用范围和作用：对领导干部拟任某一职务前，对其在现职工作岗位上的情况及发展潜力所做的了解和调查，称为考察，或具体称为任职考察；对那些领导干部实行任期制的，在他们任职期满足一定的时间要求以后对其所做的了解和调查工作，也可称为考察，或者具体称为任期考察。考评则主要是指对于领导干部在任现任职务时期内的素质和履职尽责情况的阶段性评价。考察的主要目的是通过考察评价，根据拟任职务的要求和班子结构的需要，确定拟任人选；考评的主要目的是通过考核评价，对一定时期班子和班子成员的工作胜任程度作出区分，作出评价，分出高低，进行奖罚。

这三种理解从特定的时段和特定的视角看都有道理，但仅从词义上讲，考察与考核没有本质不同，都有调查、核实、评价之意。因此，可以从一个比较宽泛的范围来把握这个基本内涵。

1.2 领导层考评的重要性

考评是党的组织人事工作的重要组成部分。提高干部考评工作的科学化水平，对于树立正确的用人导向、保证选准用好干部、提升干部领导和推动科学发展的能力，推进组织目标的完成具有重要意义。从干部内生动力来看，干部考评机制是干部努力的"方向标"；从组织目标实现来看，干部考评机制是组织绩效考核的"指挥棒"；从干部选拔与管理角度来看，干部考评机制是选人用人的"硬杠杠"。

"方向标"　　　"指挥棒"　　　"硬杠杠"
干部考评机制是干部努力的"方向标"　　干部考评机制是组织绩效考核的"指挥棒"　　干部考评机制是选人用人的"硬杠杠"

干部考评机制重要性示意图

（1）干部考评机制是干部努力的"方向标"

干部队伍是人的因素中最活跃的部分，是推动社会进步发展的骨干力量。毛泽东曾经精辟地指出："政治路线确定之后，干部就是决定的因素。"我们党在成长历程中，十分注重对干部的培养和考评。完善干部考评体系，建立科学合理的考评标准、采取灵活多样的考评方法，科学运用考评结果，让干部在广阔的工作天地华丽起舞，考评标准就是"风向标"，决定着干部努力的方向。有什么样的标准，就会有什么样的干部、什么样的发展。

（2）干部考评机制是组织绩效考核的"指挥棒"

考什么、评什么，是决定干部考评工作质量和成效的关键。针对干部考评中"一刀切"、"千人一面"、"流于形式"等问题，按照体现全面性、突出针对性、增强约束性的要求，在完善考评指标体系上下功夫，突出干部考评工作的导向性，针对具体情况制定干部考评机制，使考评机制实现组织意图和产生激励作用，让干部考评机制真正彰显"指挥棒"的重要意义。

（3）干部考评机制是选人用人的"硬杠杠"

考评是干部"选、育、用、管"制度链中的基础环节，是加强干部选拔任用、教育管理的重要保障。干部考评与任用相结合、以用促考，干部考评由"软指标"变成"硬杠杠"。考评结果只有在运用中才能发挥作用、体现价值、得到检验。将考评与激励干部有机结合起来，考评与监督干部有机结合起来，考评与推进干部能上能下有机结合起来，对于强化考评结果的综合运用，奖勤罚懒、赏优罚劣，鼓励先进、鞭策落后，形成激励干部干事创业的机制具有重要意义。

2. 国有企业领导层考评

我国国有企业领导班子及领导人员在其职责、定位、要求等方面与地方党政班子、领导人员、事业单位领导班子、领导人员有较大的差异和区别。因此，国有企业领导层的考评应该更加突出国有企业特性和领导人员的特征。

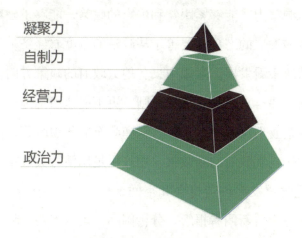

国有企业领导人员考评能力构成示意图

国有企业领导层是"党在经济领域工作的重要力量"。考评应该结合实际突出国有企业的使命,强化政治力、经营力、自控力及凝聚力等导向。

2.1 政治力

中国国有企业是政府职能的延伸,同时兼顾政治与经济两方面的责任,是政府实施政策的重要工具,承担着为人民群众服务的特殊使命,满足公共性的本职责任。国有企业也为保持社会主义国家繁荣、稳定、安全和发展提供坚实的物质基础,既肩负着保证国有企业沿着社会主义市场经济方向发展的政治责任,还肩负着保证国有资产保值增值、创造效益和提高员工收入、福利的经济责任。这就要求国有企业领导人员必须具有政治家和企业家的双重素质。所以,国企领导人员必须具有政治力,即政治辨别力和政策运用力。

作为国有企业高层领导人员,必须要有敏锐的政治嗅觉和较强的政治洞察力,能够紧跟党和国家的政策,能够正确辨别经济形势和政治发展的态势,要善于从政治的角度看经济,从宏观看微观,从政策看发展。紧跟中央、地方政府的政策方向,但又不拉帮结派,要有自己的立场和原则,更不能违法乱纪。

国有企业不仅需要认真执行党和政府的各项政策,而且还需要充分利用党和政府的新政策,用好用足用活相关政策,从而为企业的经营及发展创造机会和空间。作为国有企业高层领导人员,必须每天看新闻看报纸,分析国际、国内宏观形势及相关政策的变化对企业及行业的影响,及时调整企业的战略、策略。比如，国家五年计划的重点，重点投入的行业或项目，税收、民生、养老保障等方面的改革，国有企业不仅需要积极配合，而且还更需要充分利用各种优惠政策，从而不断提高资源配置的效率，或者是提前考虑各种政策可能带来的成本压力和市场的变化。

2.2 经营力

国有企业在满足政府意愿的同时也是在市场经济中从事经济活动的经济组织，要遵循企业生存和发展的一般规律。国有企业领导人员就必须具有能够有效管理与推动企业正常运转的能力，即经营力，包括决策力、运作力和创新力。要有杰出的经营力就要熟悉世界及国内的经济环境、企业所处行业的整体情况、企业的发展战略分析、人力资源管理、财务管理等方面的企业管理与运作知识，使国有企业在激烈的市场竞争中保持可持续发展。

国有企业领导人员必须具有很好的运作力，这样才能带领员工使企业有效运转和高速发展，还必须具备一定的财务知识、业务能力和资本运营能力等。通过良好的运作，整合企业内外资源，尤其是国有企业内部的开源节流及企业间的资源整合，甚至通过调研和讨论，找到影响企业运转和发展的关键点，解决企业生产中存在的主要矛盾，调整企业的生产流程和改变企业的用人机制或分配机制，有效推动国有企业的发展。将国有企业的政策优势、资源优势和历史优势转化为速度优势，从而在不断变化的市场中为企业创造价值，增加国企的竞争优势和市场份额，更好地完成政府职能延伸的功能，为国家创造税收、为人民增加就业机会，为社会的和谐稳定做贡献。

中国的国有企业基本都是在计划经济时期形成和发展起来的，也有的是在社会发展过程中由政府部门转化而来的，在不同的经济发展时期有着不同的作用和地位。随着社会的发展和改革的深入，国有企业在市场竞争中面临很多新的问题和机遇，为此，国有企业高层领导人员需要与时代同步，了解和挖掘新信息和新知识，发挥创新力，在市场经济中促进企业的发展。

为了生存和发展，国有企业领导人员需要把握好改革与发展的时机，迅速而准确地制定体制和机制变革的方向，结合企业自身的状况，在政府职能部门的认同下，创造性地进行制度创新，更有效地优化企业的运作机制，不断提升发展动力，从而使国有企业处于一个良性发展的轨道上。

2.3 自控力

国有企业高层领导人员往往掌管着数以亿计的资产，管理着成千上万的员工，可能会对广大员工及家庭产生影响，甚至对某个行业、某个区域的经济和社会也会产生重大影响。因此，国有企业高层领导人员必须具有很强的自控力，确保企业能正常运转和发展，有效约束企业员工遵从企业制度和文化。"上梁不正下梁歪。"国有企业高层领导人员一些怪异的生活习惯及粗俗的话语同样会对企业及员工产生深远影响，违法乱纪更会阻碍企业的高效运转。

因国有企业可能存在着所有人缺位、相关的监督机制不完善等因素，也可能在改革发展过程中存在一定的弹性空间，这就要求国有企业领导人员带头执行党和政府的各项方针政策，不以权谋私，正确使用手中权力和履行岗位职责，在企业树立起很好的威信力和感召力。有的国有企业领导人员因为自控力不强，没有时刻记得自己的责任和使命，以应得的心态和饶幸的心理在岗位上损公肥私，或在改革转型和监管缺失时期因违法乱纪，最终成为阶下囚，更无从谈领导力和战略目标。

2.4 凝聚力

企业的凝聚力，是指企业及其行为对员工产生的吸引力的程度。而国有企业领导人员是企业的带路人，是企业的舵手。所以国有企业领导人员要能使全体员工紧紧围绕企业目标，精诚团结，互相信任，互相协作，在企业内部形成一种积极向上、团结有力的工作氛围。人才起用和人心顺逆，是决定事业成败的关键。人心所向，无往而不胜；人心所背，则会一事无成。作为国企高层领导人员，必须善于用人、管人，努力凝聚人心，调动人才的主动性和创造性，提高员工的向心力和凝聚力，发挥企业的整体战斗力。

国有企业高层领导人员要从福利待遇、职业前景及感情等方面提高凝聚力。以人性化和现实化管理来执行企业的规章制度，不能按西方死板的管理制度来领导国有企业，否则会带来大量影响企业和谐发展的隐患。注重对员工的关爱，强调与员工互动的沟通交流，将可能出现违反企业规章制度的现象从小处理。以自身影响力及感召力凝聚全体员工的工作态度和工作行为。组织和鼓励员工多学习，创造升职机会，提高员工的福利待遇和对企业的信心及满意度，使员工不会去违反企业的规章制度。如果国有企业高层领导人员没有凝聚力，那么正确的战略目标和决策也会因为国有企业特殊的企业背景及模式而执行不到位，乃至无法执行。因为一部机器的高速运转往往因为一颗螺丝的损坏而停机，也可能因为润滑不够而运转减慢。

3. 领导层考评发展历程

中国改革开放的进程是政治体制改革制度化的进程，也是经济体制改革现代化的进程，其中国有企业改革是贯穿中国改革开放的主线，也是经济体制改革的缩影。

国有企业的领导班子和领导人员是企业主心骨，对其开展的考评工作是伴随着深化国有企业改革和深化干部人事制度改革两条主线的发展来不断完善的。

在坚持党管干部原则的前提下，在不违背党政领导干部考评标准的基础上，结合市场机制的特点，不断创新企业领导人员考评体系，完善企业领导人员考核制度和办法，科学评价企业领导人员的工作业绩，培养和造就一大批富有创新精神的企业领导人员是党和政府、是相关国家机关、是国有企业管理者共同面对的重要课题。各阶段性相关政策的出台和有关文件的颁布便是在破题、解题进程中取得的一项又一项重要成果。

20世纪80年代至今，中央对国有企业尤其是中央企业领导班子和领导人员的考评方式方法变革大致可以划分为三个主要阶段。20世纪90年代以前，对中央企业的领导人员的考评，无论是主管部门还是考评方法都与党政领导干部一致；90 年代以后，适应于社会主义市场经济的发展以及现代企业制度的推进，对央企领导人员的考评逐渐从党政系统分离出来，一系列针对性高、实用性强的考评办法出台，并且开始对领导班子和领导人员双主体分别进行考评。

2009 年底中办、国办印发《中央企业领导人员管理暂行规定》，中组部、国资委印发《中央企业领导班子和领导人员综合考核评价办法（试行）》，标志着中央企业领导人员的考评工作进入了标准化和制度化的发展阶段。此后，一系列补充性的、针对各领域国企领导人员的考评方案和办法相继开始实施。对国有企业领导班子和领导人员的考评工作进入了一个稳定且深化发展的阶段，并一直延续至今。

3.1 萌芽初创期（1980s—1990s）

改革开放的最初十年是各项制度改革和发展的萌芽阶段，以邓小平同志为代表的第二代领导人开始认识到了干部体制制度化改革的重要性和必要性。

1980 年，邓小平提出了干部"四化"，即干部队伍要革命化、年轻化、知识化、专业化，并且要将此制度化。这为未来干部制度的进一步改革定下了基调。

1981 年 6 月，中共中央通过了《关于建国以来党的若干历史问题的决议》，其中明确了经济建设的中心，并要求全党干部，特别是经济部门的干部要努力学习经济理论、经济工作和科学技术。

1983 年 10 月，中共中央组织部印发了《关于改革干部管理体制若干问题的规定》（以下简称《规定》），这一《规定》中就许多重要问题进行了说明，为之后领导干部的考评工作的改革探索奠定了基础。

《规定》一方面对党管干部和党管领导班子进行了区分，指出二者之间存在脱节，不利于对整个领导班子的结构进行通盘研究，合理配备；另一方面对干部管理的自主权适度放松，提出为适应经济体制和各项制度的改革，对企业、事业单位干部的管理，应当实行灵活的办法，给企业、事业单位以更多的管理干部的自主权，使他们把管干部同管业务结合起来。

20 世纪 80 年代到 90 年代的 10 年主要是各项有关领导班子和领导人员的管理制度的探索和设计阶段。在实践过程中，这一时期对各领域领导人员考评工作的开展仍参照党政领导干部的原则和方法，但已经在有关制度设计中为下一步的改革探索打下了基础。

3.2 改革探索期（1990s—2010s）

20 世纪 90 年代，中国的经济发展进入一个新的时期，改革开放进程的推进使得大量外国产品进入中国市场，与此同时非国有经济发展迅速，这些都使得国有企业的发展面临严峻的挑战。激烈的市场竞争环境下国有企业经济效益急剧下降，各种旧有体制遗留下的问题浮出水面，进行制度创新迫在眉睫。

1992 年 10 月，党的十四大提出了建立社会主义市场经济体制，相应的建立与社会主义市场经济体制要求相适应的企业制度的需求呼之欲出。

1993年11月，党的十四届三中全会正式提出建立"产权清晰、权责明确、政企分开、管理科学"的现代企业制度，指明了国有企业改革的方向。以此为标志，国有企业改革进入了"制度创新"的新阶段。此后，国有企业的建设、发展与考评都围绕着制度上的变革和创新而展开。

一年后，国务院选择了100户不同类型的大中型企业进行现代企业制度试点。在经过一段时间的改革实践探索之后，好的领导班子的重要性凸显。为加强班子建设，1997年3月中组部发布了《关于做好国有企业领导班子考核建设工作的通知》。这是现代企业制度建设道路上的第一份有关国有企业领导班子及领导人员考核的中央正式文件。

该通知指出：部分国有企业领导班子存在结构不合理、整体合力不强的问题。对此应认真考核、加强建设，具体落实的目标可以对应到德、能、勤、绩、廉五方面。

值得重视的是，1997年的这个通知中便已经明确指出：考核要根据不同企业、不同岗位的特点，进行项目和指标的细化，既要针对班子整体，也要注重对领导成员个体的考核。这一思路已经明确了考评科学化、系统化的要求。

1998年7月，为了深化国有改革，加强国有大型企业的领导班子建设，建立适应社会主义市场经济体制的企业领导人员管理制度，中共中央大型企业工作委员会成立(简称中央企业工委)作为党中央的派出机关，负责国务院监管的大型国有企业和国家控股企业中的党的领导职务和领导班子的管理，直到 2003 年 3 月国务院国有资产监督管理委员会成立。

1999 年 9 月，中国共产党第十五届中央委员会第四次全体会议讨论通过了《中共中央关于国有企业改革和发展若干重大问题的决定》，进一步明确了建立和完善现代企业制度的几个重要环节，并强调要建设高素质的经营管理者队伍，培育一大批优秀的企业家。

优秀的管理者队伍具备的能力素质特点应当是思想政治素质好、经营管理能力强、基本知识扎实、善于根据市场变化作出科学决策；遵纪守法，廉洁自律，求真务实，联系群众。

党的十六大后，党中央对深化国有企业人事制度改革和加强国有企业领导班子建设作出了一系列重要部署。随着企业干部管理的进一步推进，一系列配套措施和管理办法又先后出台。2000 年 6 月，中共中央办公厅下发《深化干部人事制度改革纲要》，明确提出了要完善企业领导人员考核办法。

党的十七大明确提出，要"完善适合国有企业特点的领导人员管理办法"。中央领导同志多次强调要加强和改进央企领导人员管理工作，制定出台中央企业领导人员的管理规定。为此，中组部和国资委等相关部门联合各中央企业以及各地方党委和政府都进行了积极有效的探索。

2002 年，由中组部干部五局牵头，组织有关省市和中央企业开展了"国有重要骨干企业领导人员任期目标和考核评价指标体系"的课题研究，在考核方法和评价指标体系的设计方面取得了突破性进展。

2005 年，中组部和国资委联合印发了《关于在国有企业开展"四好"领导班子创建活动的意见》，将"政治素质、经营业绩、团结协作和作风形象"四个方面的突出表现作为国企领导班子的行动指南。这四个方面也在之后的考评实践中被持续贯彻和落实。

党的十七届四中全会再一次强调，要"健全促进科学发展的领导班子和领导干部考核评价机制"。2009 年 12 月，中共中央办公厅、国务院办公厅印发了《中央企业领导人员管理暂行规定》。为深入贯彻落实这一规定，中组部、国资委在同一时间联合下发了《中央企业领导班子和领导人员综合考核评价办法（试行）》，这两个文件的颁布实施标志着我国中央企业领导班子和领导人员的考核评价工作自此有了系统的、全面的、规范的正式规章依据。

《管理暂行规定》和《考核评价办法》都坚持了党管干部原则与依法办事相结合的原则，在设计过程中都注重把之前相关的实践经验做法加以归纳、总结和完善，同时也注重吸收和借鉴党政干部管理考评工作中及国外国有企业领导人员考评的成功经验，在结合中央企业特色的基础上，在考评方式上形成了多维度、全方位、开放式考评，实现了考评制度的创新突破。具体来看主要体现在以下方面：

一是明确了中央企业领导人员考评的对象是企业领导班子和领导人员。

二是在指标设计上，体现了干部考评与业绩考核相结合，且突出经营业绩的原则。领导班子综合考评内容包括政治素质、经营业绩、团结协作和作风形象四大类，共 11 项指标。在权重设计中体现经营业绩的 3 项指标占 50%。领导人员综合考评内容包括素质、能力和业绩三方面，共 8 项指标。其中业绩分为班子业绩和个人贡献 2 项指标，在权重设计中共占 50%，其中班子业绩占 70%，个人贡献占 30%。

三是在考评方法上，实现了多维度测评、年度与任期考核相结合、定性分析与定量测评相结合、结果考核与过程评价相统一的多角度创新。多维度测评包括领导班子成员测评、中层管理人员（职能部门负责人和二级单位主要负责人）测评、部分职工代表测评、企业内部民主测评、上级管理部门评价和监事会评价。多维度测评的结果，将通过加权汇总的方式计算出得分，作为确定年度考评结果和任期考评等级的重要根据。考评组根据考评总体情况，结合行业特点、企业实际和岗位职责，对领导班子和领导人员进行综合分析，提出综合考评结果建议，撰写领导班子和领导人员综合考评报告，报中组部、国资委党委。

随着政治体制和经济体制改革进程的逐渐推进，在经历了改革开放初期的原始积累之后，20 世纪末到 21 世纪初是各项制度相继落地的时期。

在国有企业领导班子和领导人员考评领域，这段时期取得的最主要的成绩是将企业干部考评从党政系统中抽离出来，并且结合国有企业运营实践，设计出了一套为国有企业量身打造的领导人员考评体系，奠定了国企干部考评的基调。

2009 年《中央企业领导人员管理暂行规定》和《中央企业领导班子和领导人员综合考核评价办法（试行）》两份文件的出台起到了"指挥棒"的引领作用。自此，国有企业领导班子和领导人员考评工作进入到了稳定发展的时期，各领域、各相关企业在中央有关精神的引领下逐渐探索出符合自身特点的一系列具体考评方案。

3.3 稳定深化期（2010s 至今）

新世纪的头十年，国有企业改革已取得阶段性的胜利，2010 年国有企业改革和发展的目标已经基本实现。随着第二个十年的到来，新一轮的国企改革启动。2013 年 11 月召开了十八届三中全会，全会通过的《中共中央关于全面深化改革若干重大问题的决定》首次论述了未来国企改革的路径，回答了新时期国企改革举什么旗、走什么路的重大理论和实践问题。

在此基础上，2015 年 8 月，中共中央、国务院印发《关于深化国有企业改革的指导意见》（以下简称《意见》）。从总体要求到分类改革、完善现代企业制度和国资管理体制、发展混合所有制经济、强化监督等方面提出国企改革目标和举措，是新时期指导国企改革的行动纲领。

《意见》还提出了到 2020 年在国有企业改革重要领域和关键环节取得决定性成果的重要目标，为这一时期的改革发展指明了方向。其中涉及到领导人员考评的内容有三个方面：

一是实行国有企业领导人员分类分层管理制度。坚持党管干部原则与董事会依法产生、董事会依法选择经营管理者、经营管理者依法行使用人权相结合，不断创新有效实现形式。

上级党组织和国有资产监管机构按照管理权限加强对国有企业领导人员的管理，广开推荐渠道，依规考察提名，严格履行选用程序。根据不同企业类别和层级，实行不同的选人用人方式。

推行职业经理人制度，实行内部培养和外部引进相结合，合理增加市场化选聘比例，加快建立退出机制。推行企业经理层成员任期制和契约化管理，明确责任、权利、义务，严格任期管理和目标考核。

二是深化企业内部用人制度改革。建立健全企业各类管理人员公开招聘、竞争上岗等制度，拓宽选人用人视野和渠道。建立分级分类的企业员工市场化公开招聘制度，以岗位管理为基础的市场化用工制度，真正形成企业各类管理人员能上能下、员工能进能出的合理流动机制。

三是进一步加强国有企业领导班子和人才队伍建设。根据企业改革发展需要，明确选人用人标准和程序，创新选人用人方式。加强对国有企业领导人员尤其是主要领导人员的日常监督管理和综合考评，及时调整不胜任、不称职的领导人员，切实解决企业领导人员能上不能下的问题。

以强化忠诚意识、拓展世界眼光、提高战略思维、增强创新精神、锻造优秀品行为重点，加强企业家队伍建设，充分发挥企业家作用。大力实施人才强企战略，加快建立健全国有企业集聚人才的体制机制。

坚持党的领导，做好企业领导人员考评和管理，加强企业领导班子建设，才能为国有企业改革发展提供坚强有力的政治保证、组织保证和人才支撑。

在新一轮国有企业改革进程中划分企业类别，分类推进国企改革是基础，通过界定功能、划分类别，实行分类改革、分类发展、分类监管、分类定责、分类考核。2012年的《中管金融企业领导人员管理规定》、《中管金融企业领导班子和领导人员综合考核评价办法（试行）》等分类型、分领域对中央企业进行考评的文件的印发便是对这一理念的实践应用。分类考评可以提高考评的针对性、有效性和科学性。

此外，在坚持央企领导班子和领导人员考评中考绩与考人相结合的基础上，这一时期开始实施的另一份重要文件是2016年底出台的《中央企业负责人经营业绩考核办法》（以下简称《办法》），《办法》从酝酿到出台共经历了十余年的时间。与上一阶段的考评"指挥棒"相呼应，这一重要文件的出台为央企领导人员的业绩考评引领了方向。《办法》中也将年度考核与任期考核相结合、分类型分层级考核等作为重要的考评原则，对不同功能和类别的企业，突出不同考核重点，分类设定权重，确定差异化考核标准。

4. 以国家电网公司为例

我国国有企业的改革和演变有其大致相同的历程和规律，但具体到不同行业和企业，微观上仍有各自显著的特殊性，这也使

得企业领导班子考评的发展历程具有了行业和企业特色。以国家电网公司为例:

国家电网有限公司是中央直接管理的国有独资公司和关系国民经济命脉和国家能源安全的特大型国有重点骨干企业,其前身为国家电力工业部和国家电力集团公司。公司以投资建设运营电网为核心业务,承担着保障安全、经济、清洁、可持续电力供应的基本使命,经营区域覆盖26个省(自治区、直辖市),覆盖国土面积的88%以上,供电服务人口超过11亿人。公司注册资本8295亿元,资产总额38088.3亿元,稳健运营在菲律宾、巴西、葡萄牙、澳大利亚、意大利、希腊、中国香港等国家和地区的资产。公司自2002年成立以来,连续13年获评中央企业业绩考核A级企业,目前是全球最大的公用事业企业,2016—2017年蝉联《财富》世界500强第2位、中国500强企业第1位。

4.1 电力工业部时期——政府职能部门色彩的干部管理和考评模式

从每两年考察一次,到实行四年任期制和任期审计制,再到班子年度考核、届中考核、届满考核。考察、考核的模式和方法均与党政领导干部没有显著区别。

1997年以前,我国电力行业实行政企合一、国家垄断经营管理的模式。电力工业部作为政府职能部门,其对领导班子和领导人员的考评一直遵循党政部门模式。党的十一届三中全会之后,干部考评工作受到高度重视,各级考核制度逐步健全,干部考评工作走上制度化轨道。

在这一时期，电力工业部贯彻中组部《关于实行干部考核制度的意见》（1979 年 11 月）、《关于试行地方党政领导干部年度工作考核制度的通知》（1988 年 6 月）等一系列要求精神，建立健全了自己的干部考评制度。1993 年 12 月电力工业部印发《关于部管干部管理办法的暂行规定》，规定每两年对领导干部进行一次定期考察，了解干部在任职期间的工作情况，作出阶段性评价。

同时，按照《国家公务员暂行条例》的规定，对干部原则上实行任期制，任期一般为四年，对于企业行政正职领导人员的考察，结合任期内的经济责任审计一同进行。

其后的几年里，按照中央关于领导班子"严格要求、严格管理、严格监督"的精神，实行了领导班子年度考核，坚持届中、届满考核，克服不到调整不考核的现象，领导班子和领导人员考评工作逐步走上制度化、规范化轨道。

4.2 国家电力公司时期——探索建立适合电力国企实际的干部考评制度

按照 1997 年 3 月中央通知精神，明确市场经济条件下国有企业定位，首次实施全面考核，摸清各级领导班子和领导人员状况，同时建立健全对领导班子和领导人员考评的内容、程序、方法；按照 1998 年 5 月中组部规定，建立健全了国家电力公司干部考评及监督的政策法规体系。

1997 年 1 月，国家电力公司成立，作为国务院出资的国有企业单独运营，标志着我国电力工业管理体制由计划经济向社会主义市场经济转变，实现了政企分开的历史性转折。同年 3 月，中共中央印发《关于进一步加强和改进国有企业党的建设工作的通知》，中组部等四部门印发《关于做好国有企业领导班子考核建设工作的通知》，为社会主义市场经济条件下国有企业党建和领导班子考评工作指明方向。

国家电力公司按照中央精神，制定了《关于做好电力企业领导班子考核建设工作的通知》，对电力系统国有企业进行了一次全面认真的考核。通过对电力系统领导班子全覆盖集中考评，不仅对干部队伍进行了全面检验，而且进一步加强了干部思想政治建设，提高了领导班子的整体素质，同时标志着国家电力公司对领导班子和领导人员的考评内容、程序、方法等已基本健全。

1998 年 5 月，中组部印发了《党政领导干部考核工作暂行规定》，第一次以党内规章的形式系统地对领导干部考核方式、考核内容、考核程序、考核结果的评定和运用、考核机构、考核的纪律与监督等进行了详细的规定。

这一时期，是领导班子和领导人员考评工作规范化、制度化的重要时期。国家电力公司先后印发了《关于进一步加强集团公司内省（市、区）电力公司领导干部管理的实施意见》、《关于进一步加强电力集团公司内省（市、区）电力公司领导干部管理的通知》、《关于加强县级供电企业领导班子建设管理的通知》、《领导干部交流工作暂行规定》等一系列制度规定。这些通知、规定等组合性文件的颁布，与之前开展的领导班子考评建设工作一起，初步构成了电力系统国有企业干部考评及监督制度的政策法规体系。

4.3 国家电网公司时期——与时俱进健全完善企业领导班子和领导人员考评体系

2002年12月，国家电网公司正式成立。作为特大型中央企业，公司肩负起为国家经济起飞、发展和转型提供先导性、基础性、公益性坚强电力支撑的重任。建设坚强智能电网，带领民族电力工业实现从"赶超"到"引领"的历史性跨越，走出了电力工业发展的"中国道路"，掀开了我国电力发展史上新的一页。

伴随企业发展跨入新时期，公司借鉴国内外先进管理理念，实行"以责任目标为基础的实绩考核"为主的领导班子考评，坚持深入探索以定性考核与定量考核相结合的手段，努力实现领导班子和领导人员考评的客观、可视化和可衡量。

战略性举措一：以创建"四好"领导班子为载体，突出实绩导向，探索精准分层、分类考核，发挥对标引领作用。

2004年9月，党的十六届四中全会提出，要抓紧制定体现科学发展观和正确政绩观要求的干部考核评价办法。同年11月，全国国有企业领导班子思想政治建设座谈会在山东青岛召开，对建设"四好"领导班子工作进行了部署。国家电网公司党组立即对会议精神进行了传达和学习。经过系统的分析论证，明确了在公司各级领导班子和领导人员队伍思想政治建设方面存在的差距，提出了在公司系统全面创建"四好"领导班子的工作方针和工作思路：

坚持科学发展观和正确业绩观，以作风建设为突破口，以能力建设为重点，以制度建设为保证，努力提高各级领导人员的战略决策、经营管理、市场竞争、开拓创新、应对复杂局面的能力，把各级领导班子建设成为"四好"领导班子，把干部队伍建设成为政治坚定、业务精通、勇于开拓、作风优良的高素质干部队伍。

国家电网公司在持续近十年的"四好"领导班子创建活动中，坚持高标准、严要求，不断完善体现科学发展观要求的"四好"综合考评体系，全面、客观、与时俱进地考评创建工作情况。坚持将"四好"创建融入企业发展和管理的各个方面。

一是坚持量化考核的方向。不断完善考核指标体系，结合企业负责人年度经营业绩考核和企业精神文明建设考核工作，制定了《关于创建"四好"领导班子年度百分考核细则》，对创建"四好"领导班子考核内容进行了细化。根据"四好"要求，将指标分解为政治素质、经营业绩、团结协作、作风形象四个方面、十余项指标，每项指标都明确了具体的评价标准。采取定量考核和定性评价相结合的方式进行综合评价，将"四好"要求细化成具体标准。

二是引入借鉴对标管理。坚持走出去、引进来，放眼全球找标杆、找差距、学先进、学管理。先后实施了 18 期 339 人次高级管理人员出国轮训，向全球管理先进的能源和电力企业、各行业领先的标杆企业学习。在公司经营管理体系中启动了"创一流同业对标"，实施对标管理，根据经营业绩完成情况以及"创一流"综合排名，确定二级企业经营业绩得分。各二级企业既与其他企业进行横向对标，又与自身历史情况进行纵向对标，以全面准确地评价其工作情况。

同业对标既是内部的管理手段，也是公司的前进指引。公司自启动对标以来，在全球500强中的位次，从40位持续攀升到蝉联第2位。

三是实施分序列、分层次考评。随着公司经营业务国际化和多元化的推进，根据二级单位产业、金融、科研、服务等的不同性质，将传统电网业务和其他业务分两大序列进行评价，对电网业务之外的其他业务板块，也逐步按其所在的行业特征，探索实施差异化的评价。在考评层次上，经过多年探索，逐渐确定了将考评分为领导班子自评、大会民主测评和考察组建议评三层次相结合，将多方位综合评价领导班子制度化、程序化。

自2005年8月起，公司进行了多轮次"四好"领导班子考核，考核的内容和方法不断完善，这一考核工作也逐渐成为公司领导人员考评的重中之重。

战略性举措二：与时俱进，不断完善，建立了"四好"领导班子测评、年度业绩考核、同业对标评价、党风廉政测评等多位一体的领导班子和领导人员考评体系。

在全面开展"四好"领导班子考评的基础上，国家电网公司坚持改革创新，加强对考核工作的整体谋划和组织实施，不断规范考核内容，改进考核形式，构建符合国家电网特点的考评机制体系。

一是构建从任前到任后的完整考评体系。在企业领导人员使用过程中，严格任前考察，实行新提拔人员一年试用期；严格任上考核，全面评价领导人员能力、业绩、作风；严格任后考评，推行领导人员离任后"回头看"考评制度。

二是在实践中逐步完善考评方法体系。2010 年，国家电网公司印发《关于领导人员的管理办法》，对领导班子和领导人员考评的原则、方式、内容、标准、程序及结果应用等进行了系统规定。伴随国家电网公司的跨越发展和对企业领导人员考评工作的探索积累，2015 年公司以党中央对新时期干部考评工作的一系列新要求为指引，明确了"按照客观公正、注重实绩、简便易行的原则，坚持定量考核与定性评价相结合，实行分层分类考评，综合运用多维度测评、个别谈话、调查核实、综合分析等方法进行领导班子和领导人员考评工作"。

三是将领导班子和领导人员考评贯穿融入到领导人员管理和队伍建设的全过程、全领域。2015 年公司对《关于领导人员的管理办法》进行了修订，进一步完善考核方式和内容，使考评覆盖企业领导人员使用全过程。主要分为平时考核、年度考核、综合考核和领导人员离任后"回头看"考评。

平时考核是对领导班子和领导人员进行的经常性考核，通过工作检查、调研、参加民主生活会等形式进行；年度考核主要考核本年度领导班子和领导人员履行岗位职责的情况，结合企业负责人年度业绩考核、年度民主测评、"一报告两评议"等一并进行；综合考核是对领导班子和领导人员的政治素质、履职能力、工作实绩、作风建设和廉洁自律等情况进行综合考评，每两年进行一次；离任后"回头看"考评一般结合综合考核、领导人员离任审计等进行。

对领导班子考核的主要内容包括政治素质、经营业绩、团结协作、作风形象等方面情况；对领导人员考核的主要内容包括业绩、素质、能力和廉洁从业等方面情况。

国家电网公司以中央对新时期干部考评的要求为基本遵循，结合企业自身实际，并以开放心态、全球视野，对标国际一流企业，积极吸纳全球企业高管考评的先进要素，在不断传承和借鉴中探索，领导班子和领导人员考评工作持续向着科学化、制度化、规范化的方向迈进，已经形成了独具国家电网特色的干部考评体系。

显著效果和深远影响：从以创建"四好"领导班子为载体入手，到以全球视野引入对标管理，直至考评的体系化、科学化，国家电网公司企业领导班子和领导人员考评为公司发展起到了不可估量的作用。

一是成为了电网事业发展的"助推器"。国家电网公司这艘国企航母，在改革发展的大潮中乘风破浪，经过十多年的不懈奋斗和努力，取得了令人瞩目的成就。电网事业发展实现重大突破，电网总体规模实现翻番，装备水平、科技水平、安全水平进入国际先进行列，开创了世界特高压电网发展新纪元。企业发展步入新时代，实现了由传统企业向现代企业的战略转型。

在国内能源电力行业和中央企业中的带动力、在世界公用事业中的影响力与日俱增，在保障能源安全、增强国有经济活力、服务和保障民生中的作用充分显现，有力促进了经济社会发展和全面小康社会建设。公司在不断发展前行中，确立了以"一强三优"现代公司为目标，以"三个建设"为根本保证，以"两个转变"为主线，创建"两个一流"的发展总战略。

实践证明：国家电网公司作出的重大战略部署是正确的，选择的转型发展道路是科学的；企业发展战略目标引领企业又好又快发展，企业发展战略目标在公司上下形成共识，化为各级领导人员促进企业发展的原动力。领导班子和领导人员考评工作始终以服务企业发展为根本，紧紧围绕企业战略发展目标，将企业发展战略目标关键因素纳入考评，考实辨准领导人员，努力建设高素质领导人员队伍，为国家电网公司不断发展提供了强有力的人才支撑和组织保证。

二是成为了领导人员队伍干事创业的"指挥棒"。正确的路线确定之后，干部就是决定因素。国家电网公司瞄准国际一流企业目标，遵循领导人才队伍建设规律，在选人用人上坚持"好不好不用找、亲不亲工作分、行不行看水平"，用事业锻炼队伍，靠队伍成就事业。在实际工作中，公司党组始终坚持把做好宣传引导，作为领导班子和领导人员考核工作的一项"硬任务"，充分利用班子见面会、干部大会、个别谈话等机会，反复宣传公司对考评工作的新要求，激励各级企业领导人员干事创业。

在考评中持续改进实绩分析办法，注意联系发展基础、区域特点、资源条件等客观因素和一贯表现，科学分析领导人员的工作实绩和在班子中的实际作用，旗帜鲜明地对敢于担当和长期在艰苦地区埋头苦干的人给予支持、科学使用。考评工作已经成为领导人员干事创业的"指挥棒"。

回首过往，在国家电网公司发展进程中，不断涌现出一批批想干事、能干事、干成事的优秀企业领导人员，打造了一支特别负责任、特别能战斗、特别能吃苦、特别能奉献的骨干队伍。他们在推动电网各项事业发展中，奋发有为、披荆斩棘、砥砺前行，在公司上下形成了只争朝夕、时不我待的干事创业浓厚氛围。

建设坚强智能电网、保障电网安全供电、拓展海外业务，为领导人员干事创业、脱颖而出提供了得天独厚的舞台；大胆创新、勇攀高峰，不断取得突破，攻克特高压核心技术，科研能力大幅提升；解决主多分开、集体企业改革等一系列重大历史遗留问题，全方位考验了各级领导人员攻坚克难和驾驭复杂局面的能力；圆满完成奥运会、世博会、APEC 会议、青奥会、每年"两会"等重大保电任务。

近年来，我国极端恶劣天气和特大自然灾害多发频发，给经济社会发展带来了严重损失。面对每一次重大灾害，国家电网公司始终把人民的利益放在首位，所在地区企业领导人员，毫无例外的第一时间到达抗灾救灾现场，靠前指挥、不遗余力、一往无前，争分夺秒抢修设备设施，以最快速度恢复电力供应，彰显了国家电网公司保安全、保民生、保发展的强烈使命感与责任担当。

三是成为了领导人员成长的"标尺"。好的领导人才不会自然而然产生。成长为一个好的企业领导人员，除了依靠组织的培养，还要靠自身的不断努力。国家电网公司始终坚持把考评工作作为衡量领导成长的"标尺"来把握。

领导人员考评工作不仅是对他短期综合表现进行评价，而且可以利用多年考评结果进行科学分析，直接反映出他的一贯表现和成长轨迹。通过有效的考评结果反馈机制，形成成长的驱动力，使其正视自身存在的短板和不足，进而通过组织引导和自身完善等措施，帮助其改进和提高，达到"缺什么、补什么"的效果。

通过考评工作，发现了许多具有发展潜质和培养前途的优秀年轻领导人才。很多年轻领导人才缺少不同环境、不同岗位的锻炼，有的基层经验相对不足，需要在艰苦实践中磨炼。国家电网公司坚持越是有培养前途的年轻领导人才，越是放到艰苦环境中，越是派到改革发展的第一线，通过改革实践的历练，积累经验，增长才干。近年来，大批年轻干部走上各级领导岗位，给国家电网公司系统各级领导班子增添了新鲜血液和生机活力。

5. 中外国有企业领导层考评实例

5.1 中国国企领导层考评实例

中国的国有企业主要分为央企和地方国企两种。其中，中央企业全称为"中央管理企业"，企业的"一把手"由中组部、国务院国资委或其他部委任命。中央企业的领导班子和领导人员的考评管理工作，首先要符合其中央或国务院主管部门的相关政策规定，在满足这一前提下进而可以根据企业自身特点设计更具企业特色的领导班子和领导人员考评办法及具体实施细则。三人行必有我师。国家电网公司在与兄弟企业的并肩奋进中，了解其他企业在干部考评工作中的创新与实践，择善而从，不善则改，才能不断推进自身的进步和成长。

（1）考评注重民主参与，普通员工可以测评干部

中国航天科技集团公司（简称"航天科技集团"）是重要的国有军工企业。经国务院批准，于1999年7月1日在原中国航天工业总公司所属部分企事业单位基础上组建的国有特大型高科技企业，具有较深的党政部门烙印。在领导班子和领导人员的考评方面也与党政系统更为接近。鉴于整个集团公司的体量过于庞大，我们以其"中国运载火箭技术研究院（中国航天科技集团公司第一研究院）"的实践为例。

中国运载火箭技术研究院是中国最大的导弹武器和运载火箭研究、设计、试制、试验和生产基地。他们研制生产的系列产品也是中国乃至世界航天迷们最为熟悉的，是航天科技集团的明星单位。为更好地推进航天事业的建设发展，领导班子和领导人员的素质功底必须过硬。为更加有效地推动领导班子建设和考评工作，中国运载火箭技术研究院党委经过充分的调研、讨论，制定了《领导班子工作（议事）守则》（以下简称《守则》），现已成为国资委党校基层党委书记培训班的教材。《守则》明确了领导班子的职责和工作规则，解决了长期困扰国有企业领导班子的六大关键问题：

解决了领导班子有效运转的根本——定位；

解决了领导班子搞好工作的前提——团结；

解决了领导班子了解情况、协调关系的基本手段——沟通；

解决了领导班子成员为人做事的基本能力——交往；

解决了领导班子决策科学化、民主化的基础——议事；

解决了领导班子成员形象和影响力的展示——讲话。

在具体的考核考评实施过程中，研究院突出"物质文明考核、精神文明考核和民主测评"三结合，并制定了《一院领导班子和领导干部考核管理办法》等规章制度，将"政治素质、经营业绩、团结协作和作风形象"四个方面作为领导班子考评的主要指标，并以"素质、能力和业绩"三个方面分别规范领导班子和领导人员考核。在考评方法上，研究院构建了以领导人员 KPI（Key Performance Indicator，译为：关键绩效指标）考核和领导胜任力测评为核心的分层分类考评体系。并且针对各单位业务性质的不同，考评指标在设计上还从"管理自我、管理他人、管理协同、管理业务"四个维度进行了细分。考评结果会反馈到基层单位，并针对每个班子存在的问题提出改进意见，研究院各单位党委针对反馈的考核意见和测评结果进行综合分析，查找问题，提出针对性改进措施，并纳入到下一年的工作改进中。

在领导班子和领导人员的选拔、考评和管理过程中研究院的一个突出特点是注重民主参与，注意听取普通员工的意见。

1）在选拔方面，员工有权推荐干部

在选拔干部过程中，研究院通过群众推荐和组织把关的互相制约机制，达到群众参与和组织把关互相补充的实际效果。被选拔上的干部要"四有"：有能力、有基础、有机遇、有共识。不仅强调了干部的能力，更强调了干部的能力要获得群众的认可，要能通过民主选举走上领导岗位。

2）在考评方面，员工可以测评干部

研究院把民主测评作为加强班子建设的重要工作抓手，并加强普通员工的意见在班子选拔考评中的权重。每年召开的职工代表大会，都是领导班子的年度大考。职工代表要对每位班子成员进行评价，不仅要打分，还要写出民主测评意见，包括对领导人员个人工作认可和不认可的地方，并提出建议。在第二年的职代会上，班子成员需要在述职报告中对上一年度的问题改进情况进行汇报，职代会还要对此进行讨论、审议和民主测评。而且这项测评是班子成员年度考核的重要指标，直接影响到下一年度个人的薪酬。

（2）考评突出关键指标，与企业效益紧密结合

中国石油天然气集团公司（简称"中国石油公司"）是国有重要骨干企业和中国主要的油气生产商和供应商之一，是集油气勘探开发、炼油化工、销售贸易、管道储运、工程技术、工程建设、装备制造、金融服务于一体的跨地区、跨国经营综合性国际能源公司。

为有效实施激励与约束、管理与监督，促进公司业绩和核心竞争能力的提升，中国石油公司制定了《高级管理人员绩效考核办法（试行）》，并于2008年开始实行。考核办法的设计坚持突出重点、分类考核、定量和定性相结合、年度考核与任期考核相

结合、结果考核与过程评价相统一的原则。其中比较突出的考评特色是突出重点，突出关键指标：关键绩效指标的设计突出关键工作和重点任务，少而精，不面面俱到；关键绩效指标的权重应结合受约人控制力强弱、担负责任大小等因素确定。

在具体操作过程中，关键绩效指标主要分为四类：

1）效益类关键绩效指标

是全面衡量价值创造及投资回报的重要指标，包括投资回报、利润、现金贡献、资产保值增值、主营业务收入平均增长等。

指标权重设定：企业正职效益类指标权重，一般为35%左右；机关部门正职效益类指标权重，一般为20%左右；科研规划和事业单位等正职效益类指标权重，一般为15%左右；副职低于正职。

2）服务类关键绩效指标

是衡量服务水平、质量、效率的指标，包括上级、同级、下级和客户对其工作（服务）的满意度等。

指标权重设定：一般为10%左右。专业公司、销售、生活服务、事业和机关部门等直接面向内（外）部客户的，服务类权重可更高一些。

3）营运类关键绩效指标

是衡量利用营运杠杆实现公司战略及完成效益目标能力的指标，又细分为以下三类：

①营运操作指标，包括产（销）量、成本、流动资产周转、

安全环保、节能减排、工程（产品）质量、投资控制等；

②可持续发展指标，包括储量、技术开发与创新、新产品市场份额、安全环保隐患治理等；

③营运管理水平和管理效率指标，包括工作进度、产品开发周期、应收账款、履职评价等。

指标权重设定：企事业、科研规划、控（参）股公司和机关部门正职营运类指标权重，一般为50%左右；专业公司正职营运类指标权重一般为55%左右；副职高于正职。

4）人员类关键绩效指标

是衡量营造积极健康的工作环境、提升公司核心竞争能力的指标，包括反腐倡廉、队伍稳定和员工管理等。

指标权重设定：一般为10%左右。

领导班子副职的关键绩效指标、权重和目标值，在分解正职绩效指标的基础上，按照相同岗位指标体系相同的原则，由正职与副职协商提出，报人事部进行平衡性和一致性审核。

中国石油公司领导人员的年度绩效考核每年一次，任期绩效考核以三年为考核期，起始时间为国资委考核公司领导班子的时间；定量考核与定性评价相结合，定量考核直接用客观数据计算绩效分值，定性评价采取测评方式获取考核结果；根据综合绩效得分，年度和任期绩效考核最终结果按下列比例由高到低分为A、B、C、D、E五个级别，其中A级为绩效杰出者，E级为绩效较差者，C级为进级点；年度绩效考核结果与高级管理人员的效益年薪挂钩。其中，效益年薪的80%在年度考核结束后当期兑现，其余的 20% 根据任期考核结果延期到连任或离任的下一年度兑现。除给予相应奖励外，企业会根据绩效考核结果，对绩效突出、素质好、进步快、有创新能力的优秀领导人员，会通过岗位轮换、重点培训等方式，从素质和能力上进行全面培养，使其尽快成长。对绩效分值较低的，则会给予相应的惩罚，扣减薪资，加强针对性培训，帮助提高履行岗位职责的能力。

（3）考评坚持业绩导向，注意维系动态平衡

华润（集团）有限公司（简称"华润"）。华润的前身是1938 年创始于香港的"联和行"，20 世纪 80 年代后期由代理贸易转向自营贸易，开始多元化发展，旗下拥有的产业布局令人惊羡。受益于多年在香港商业环境中打拼的经验，逐渐转战内地的华润主营业务都是市场充分竞争的民生领域。经过多年探索，华润集团通过上市融资、注资孵化等方式发展实业，逐步形成了多元控股型公司的管理架构和产业设计。在诸多行业中华润都形成了竞争优势和领先地位。

华润的用人和管理思维在央企队伍中相对更加国际化、市场化，一直坚持业绩导向。近年来，华润集团积极开展领导力发展项目，培养领导人才。为此，华润集团首先建立了领导力素质模型；第二步建立了领导力的测评与发展中心；第三步建立了一套基于素质模型的领导人才选、育、用、留的机制和流程。其中，领导力素质模型包括"赢得市场领先、创造组织优势和引领价值导向"三个主要因素。

华润对人才的战略评价是结合华润特色的标准，多维度、多

形式、持续地、动态地做出业绩评估、人性判断和价值评价。评价指标包括经济指标、培养人的能力以及管理方法的创新成果；评价方式包括业绩评价、发展评价、晋升评价，其中发展评价先行，业绩评价后行，晋升评价穿插。

赢得市场领先
- 为客户创造价值
- 战略性思维
- 主动应变

创造组织优势
- 塑造组织能力
- 领导团队
- 跨团队协作

引领价值导向
- 正直坦诚
- 追求卓越

华润集团领导力素质模型图

1）业绩评价

考评的核心理念是业绩第一，以经营管理成果作为考评和奖惩的根本标准。鼓励价值创造、体现战略导向。

2）发展评价

考评兼顾长期和短期，重视长期发展能力，采用滚动评价的方法，具体包括360度评分、附加题问答、个别谈话和经理人述职相结合的方式。按照评价周期可分为年度评价、中期评价和不定时评价，每三至五年进行中期的滚动评价（详见流程图），滚动评价强调反馈，且与业绩评价互为补充。对于各单位主要负责人的评价采用《一把手标准》，具体包括四个方面：诚信使人信赖，成事使人崇拜，带队使人凝聚，反思使人进步。

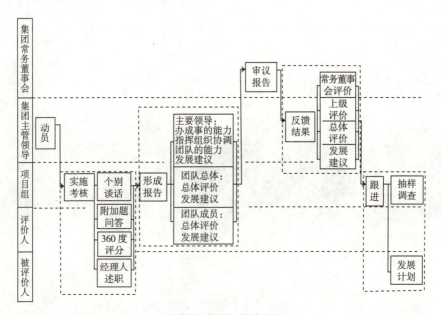

华润集团滚动评价流程图

诚信的人：六不欺骗（不欺骗国家、不欺骗合作伙伴、不欺骗客户、不欺骗员工、不欺骗领导、不欺骗股东）、率先垂范、主人翁精神。

成事的人：执着进取、业绩突出、勇于创新、组织进步、控制风险。

带队的人：共启愿景、使众人行、激励人心、建设梯队。

反思的人：超越自我、持续改进。

3）晋升评价

人员晋升需要经过评价程序。晋升的标准有业绩支撑，能力评估，且要和关键岗位的要求结合起来，未达到关键岗位要求的要对其进行培训；晋升之后则要按照相关要求参加集团的领导力开发课程。

5.2 国外国有企业领导层考评实例

西方国有企业最初的腾飞都是与战争和危机相联系的。具体到每一个时期进行深入分析，政府在不同阶段的关注点和侧重点不同，对国有企业经营者的评价侧重点也不同。总体来看缺乏对企业的长期性的、持续性的系统规划，相应的也没有建立一套有效的绩效评价机制来为经营者引导方向。20世纪80年代，西方资本主义国家经济运行逐渐平稳，国有资源逐渐从交通、钢铁等基础性领域退出，进而转移到那些对国家未来发展至关重要的行业中去，比如航空航天、信息技术、高分子材料等行业。另外，国有企业效率低下、亏损严重等问题也凸显出来。身处新的社会经济环境，在推动产业技术进步和创新、提供社会服务等方面国有企业必须取得新的突破。相对应的绩效考评方向也转移到这些领域。

他山之石，可以攻玉。具体来看，各国对于国有企业及国有企业领导班子和人员的考评环境与方式不尽相同。无论企业所处考评环境如何，特别值得借鉴和关注的有"后备干部"和"社会责任"两个维度。

（1）宽松多元生存环境下的自主经营

美国的国有企业主要是1929—1933年的经济大危机时期发展

起来的，数量不多，但规模较大，在国民经济中占据相当重要的位置。国有企业的运行机制是在公平或者有限的市场条件下和法律框架内，通过高度的自我管理和自主经营，保持企业的发展与成长。

美国万通国际金融集团（Mass Mutual Financial Group）是美国万通人寿保险公司及旗下各附属公司的统称，是全球最具规模的环球金融服务机构之一。万通集团设有高级管理岗位继任者计划，公司排前250名的经理人都有条件列入继任者计划，主要通过"表现—潜能"评估表对纳入范围的候选人作评估。某一职位的继任者至少有两个备选，高级职位的继任者计划只有总裁和人力资源部负责人（公司执行副总裁）知道。一般会根据继任者备选人知识和经历欠缺的方面，做一些工作或学习安排。

万通集团鼓励员工使用评估工具进行自我评估。人力资源部负责组织并实施前期的说明性培训。被培训者通过内部网站对自身的胜任力实施评估。依据评估结果，确认改进和提升的需求，同时自定义发展目标、选择培训工具。目前万通使用的评估工具有11个，包括职业倾向评估、素质和能力评估、经历与资历评估等，通过评估发现被评估人的性格、素质、能力和经历方面的倾向性、长处和短处并提出建议。所有评估结果只有本人可见。

万通集团的考评实践中值得借鉴的方面可以总结为以下四点：

1）尊重现实。相关工作目标的起源、改进和决策，均在客观分析的基础上实施，针对实实在在的问题、具有实实在在的目标。

2）尊重科学。所有相关工作的流程以及采用的标准、工具实体，均简明、规范、朴实，经过信度和效度的验证，是关于人力资源开发的"成熟产品"。

3）以人为本。员工和经理层的职业发展，体现了"我要发展"、"建议发展"、"帮助发展"的理念。

4）注重积累和持续改进。所有成熟做法和产品，都是按照一以贯之的战略和习惯，不断积累和持续改进的成果。

表现—潜能评估表

高	4. 高表现 持续良好表现在某一领域，通晓当下工作为公司骨干，适应新工作欠佳，尤其是个人工作领域外的，也许可在职能范围内提升（如对专业外领域不感兴趣）	7. 高职业表现人 持续优秀表现，在某些领域表现优异，如商务，职能或特别技术。可适应新环境学习新东西，可横向提升到职能 / 技术商务，职能或者特殊技术领域作为骨干或者经理	9. 持续明星 不可多得，供小于求。在所有担任的工作中闪光，跨领域学习能力强。资源丰富，在紧张的时间内完成工作，可以接受新领域的挑战性任务，可提拔或者横向调动到任何职能或一般性管理岗位
表现	2. 职业 表现如人意，工作范围外的表现无亮点，工作职能外领域适应性欠佳，无法适应新环境，对其他领域事务无兴趣	5. 重要表现人 表现如人意，偶尔超人意。对手头工作理解，短期内加强当下工作技能。新环境中可以接受挑战并适应，接受新机会和职位并且表现良好，可以纵向提升一级或者横向调动	8. 未来明星 表现如人意，偶尔超人意。持续的寻求新的挑战，有能力接受不通领域的工作。触类旁通，迅速融入新环境，有潜力应对职业改变到新领域，新环境（如职能管理或一般管理）
低	1. 低表现 表现欠佳，无法适应新环境，可能需要采取行动	3. 不稳定表现人 有可能有潜力但是还未展示出来。与同侪相比表现欠佳，纠结中	6. 璞玉 显示出很强的学习能力和发展潜能。只是还没有足够的时间和充分的机会展示其能力和表现。可以给予积极的测试和 12 个月的观察期

低　　　　　　潜力　　　　　　高

（2）政府干预下的企业计划合同的签订

法国的国有企业在经济结构中占比较大，政府主要通过立法管理、计划管理和任免主要领导人员对国有企业进行管理。具有垄断性的大型国有企业的董事长和总经理一般由政府总理、主管部长任免，政府会通过与国有企业签订计划合同，明确国家与企业的责权利关系。合同管理是政府实现对国有资产监管的重要形式，也是政府对企业高管考核的重点。法国政府与国有企业订立的合同主要有三方面内容：（1）企业发展目标，必须落实政府的政策目标；（2）企业的具体发展计划，包括发展战略、投资计划、财务计划以及其他应当承担的义务；（3）企业同国家股东的财政关系，国家对企业应承担的义务，应提供的预算资金等。合同一般期限为3—5年，企业要向主管部门提交年度报告，由主管部门向国会汇报，另外企业每季度还要做一次简要报告，并与计划进行对比，发现问题及时修正。

法国电力公司成立于1946年4月，是法国最大的电力企业，也是欧洲最大的能源公司和全球最大的核电运营企业，主要从事发输配电、天然气供应、工程和咨询等业务。在近70年的时间里，法国电力公司已经发展成为全球顶级能源公司之一。目前法国电力公司拥有大约接近法国90%的发电装机容量。

早期的法国电力公司受政府干预过多，缺乏自主权；国企行政色彩浓，国家无法明确地对其效益和管理人员进行评价。为改进这一关系，政府与法国电力公司于1970年起签订了一系列计划合同，加大了政府政策和公司战略规划的透明度，便于政府对其进行考评和管理，也便于公司管理者掌握和贯彻国家政策意图。

在法国电力公司内部，职工被分为 19 级，19 级以上又分为 B、A2、A1、A0 四级，统称为高级干部，由公司总部统一管理。这些高级干部的选拔会着重于有战略眼光、有分析处理问题能力、善于总结归纳、能搞好班子内部团结、有较高的文化素质和修养、企业内外知名度高等特质；且应在工作经历上多具有多岗位的工作实践经验，且多有过外企和国外的工作经历。公司也非常注重干部个人的工作实效。高级干部的后备人员必须曾经担负过一项较难的项目，并取得过较好的实际绩效。在考评实践中会突出"效益第一"的原则。对于这些后备干部，公司也有一套系统化、科学化和规范化的管理机制，具体会对干部进行分类建档，且每年进行跟踪考评和培训，并在实践中根据实际需求不断进行调整。

法国电力公司还非常注重承担企业的社会责任。一直以来，公司的价值观便是尊重人，注重环境、效益、团结互助和廉洁。2005 年，集团签署了《法国电力集团社会责任协议》，这是公司管理层和全体员工的共同承诺，而承诺的坚守和社会责任的有效履行需要企业领导层的重视和带头积极参与。因此，企业社会责任也自然成为领导层考评的重要方面。

（3）国有企业经营形态的民营化转型

日本的国有企业主要分布在交通、通信、电力、煤气、自来水等基础设施领域；建筑业、金融、保险、不动产业也占据一定比例，但绝对数量较少。但由于政府管理集中程度过高、控制过严，日本的国有企业经营状况不佳。20世纪80年代中期开始进行民营化改革，逐渐下放经营自主权，减少政府干预。

日本国有铁道简称日本国铁或国铁。1987年3月31日，日本废除了《国营铁路法》。次日，日本旅客铁路股份有限公司（JR）作为民间公司正式成立，结束了国铁115年的漫长历史。日本国铁国营改为民营只是企业经营形态的转变，并不影响资产所有权归属问题。对企业来讲，民营就是引进竞争机制，降低成本，提高劳动生产率，以及对市场的应变能力。对国家来讲，民营就是把权力与责任同时下放给企业，通过相互竞争促使企业改善经营，形成自负盈亏体系，减轻财政负担和提高社会效益。国铁民营化后被拆分为6个地区性客运铁路公司以及一家全国的货运铁路公司，分别为JR东日本、JR东海、JR西日本、JR北海道、JR四国、JR九州与JR货物铁路公司。其中，东日本旅客铁路公司（JR East），简称JR东日本，是以日本关东地方、东北地方为主要营运范围的铁路公司，是全世界最大的客运铁路公司。

东日本旅客铁路公司重视增强员工的敬业和进取精神，坚持人本管理，强调人是最重要的资源和最宝贵的财富，对员工有一套严密的考核晋升制度。公司将员工分5职10级，对管理层分4职8级。对于公司的管理层而言，与员工共同努力逐渐成为一种新风尚，作为领导者最重要的职责是让下属保持旺盛的斗志。在员工遇到困难的时候，领导者能够适时给予指导和帮助，尤其是能以最真诚的态度与其并肩作战非常重要。一般每年综合性考核进行两次，按工作态度、工作业绩和工作能力 3 类进行细化评比，而单项考核则可根据需要不定期地进行。

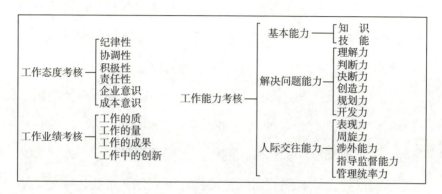

东日市旅客铁路公司企业人事考核结构图

此外，民营化之后的铁路公司在社会绩效方面贡献突出，尤其是在现代城市基础建设和小区域的综合配套开发方面，为城乡居民提供高效便捷的运输服务的同时，也提供了功能完备的生活区。这不仅帮助减轻了政府的负担，也提高了社会的整体福利。这些都离不开公司领导层和管理层的相关营运思维和努力推进。

5.3 案例特点

国有企业领导班子和领导人员的考核在中西方各个发展阶段都一直是企业人事制度设计中的一个热点和难点。世界各国的国有企业虽然在本国企业中所占比重不同，但在国民经济中都扮演着不可替代的重要角色。综合来看，各国的国有企业基本都经历了从政府过度管控到逐渐放权的发展过程。因此，对企业中的人员考评工作也经历了不同的发展演化阶段。

中国航天科技集团公司是军工企业的代表，基于其工作的战略性、保密性、挑战性和创造性，一方面要求领导者雷厉风行、敢于担当的品行特质，因此非常重视对领导人员的职责和行为准则的高度明确；另一方面要求员工的主人翁意识和奉献精神，因此也非常重视考评中员工的民主参与。在考评指标设计上更加突出了政治素质、团结协作、作风形象等精神意志层面的要素。

中国石油天然气公司在考评过程中的一个重要特点是突出了关键绩效指标，与企业的业绩和效益紧密结合，从效益、服务、营运、人员四方面的指标深入剖析，实操性更强。

华润（集团）有限公司则更加具有国际化、市场化特点，坚持业绩导向，并通过业绩、发展和晋升三方面的评价实现全方位、多角度的考评，且注意维系整个考评流程的动态平衡。

总之，在坚持中央精神的基础上，不同的企业对领导班子和领导人员的考评方案设计在不违背指导性原则的前提下各有千秋；但仍存在一定的改进空间。比较普遍的问题或不足之处有以下两个方面：一是缺少对企业领导班子和领导人员平时考核的具体方案；二是缺少对企业领导班子和领导人员社会责任担当维度的考评指标设计。

西方资本主义国家在国有企业建设和发展方面的历史更长，经验也更加丰富。不同国家基于其不同的政治体制以及所处的国内外大环境的差异，对国有企业的管理方式也不尽相同。美国国有企业的生存环境相对更加宽松和多元，企业根据发展需求自主经营；法国的一个突出特点主要在于政府通过与国有企业订立计划合同的方式进行管理；日本的国有企业中较大比重的已经实现了经营形态的民营化转型。虽然国家间的差异较大，但是西方国家国有企业对于高层管理者的考评具有两个突出的共性：一是在考评现任高层管理者的同时也注重对其后备人员或继任者的培养和考评；二是注重对承担社会责任方面的考评。西方国家国有企业的建立背景决定其从建立伊始就承担着战后重建或者恢复经济，以"公共服务"为己任的重大社会责任，这在其人事考评工作中也得以有效贯彻。这些也应当成为中国国有企业建设发展中，尤其是践行领导人员考评工作中借鉴的重要方面。

第二章
考评设计思路与原则

一、企业面临的形势

国际金融危机爆发后，世界经济经过 10 年底部徘徊，2017 年全球经济增长 3.6%，是自 2012 年以来的最高经济增速，全球 75% 的经济体增速加快，是近 10 年来最大范围的增长提速。国际贸易复苏、国际投资持续扩张、全球消费稳步增长、发达国家经济总体进一步复苏、新兴经济体发展等因素，均成为全球经济增长的重要动力。

顺应世界多极化、经济全球化、文化多样化、社会信息化的潮流，秉持促进经济要素有序自由流动、资源高效配置和市场深度融合的主旨，习近平主席提出"一带一路"倡议，得到了 140 多个国家和地区的积极响应和参与，也为中国企业开拓国际市场提供了历史机遇，是促进全球发展合作的中国方案。国家电网公司把服务和推进"一带一路"建设作为公司国际化战略核心，远赴巴西、希腊、土耳其、巴基斯坦等多个国家稳步开展能源电力基础设施战略投资，累计对外投资 195 亿美元，管理境外资产累计达到 600 亿美元，项目全部盈利。

与此同时，国内经济已由高速增长阶段转向高质量发展阶段，正处在转变发展方式、优化经济结构、转换增长动力的攻坚期。党的十九大站在新的历史起点对全面深化改革作出全局性谋划。一是中央经济工作会议强调要推进国企国资、垄断行业等基础性关键领域改革取得新突破。全国"两会"强调要继续推进国有企业优化重组和央企股份制改革、稳妥推进混合所有制改革、降低电网环节收费和输配电价格等。二是党的十九大提出建设美丽中国、推进能源生产和消费革命、构建清洁低碳安全高效的能源体系。2018 年中央经济工作会议和全国"两会"对推进生态文明建设、加快能源结构调整、发展清洁能源、打赢污染防治攻坚战等提出明确要求。三是中央强调要把高质量发展作为确定发展思路、制定经济政策、实施宏观调控的根本要求，坚持质量第一、效益优先，以供给侧结构性改革为主线，推动经济发展质量变革、效率变革、动力变革，不断增强我国经济创新力和竞争力。

国家电网公司深入贯彻习近平新时代中国特色社会主义思想和党的十九大精神，切实将习近平总书记关于构建能源互联网重要指示落到实处，牢牢把握高质量发展根本要求，着眼做强做优做大，坚持安全、优质、经济、绿色、高效的理念，明确建设具有卓越竞争力的世界一流能源互联网企业的战略目标。公司同时谋划了三个阶段来实现该战略目标，到 2020 年全面建成"一强三优"现代公司，到 2025 年基本建成具有卓越竞争力的世界一流能源互联网企业，到 2035 年全面建成具有卓越竞争力的世界一流能源互联网企业。

国家电网公司坚持品牌引领，努力建设"一强三优"现代公司，蝉联了世界 500 强企业第二名，但公司和电网在发展过程中依旧存在一些挑战和困难：一是安全基础还不牢固。公司发展必须考虑到电力经济运行的质量安全。在实际操作中，安全事故、安全管理体系不健全等问题，制约了公司的发展。二是区域电网发展不平衡。由于我国面积较大、人口众多，受地域经济和地方政策等因素制约，各省公司发展存在不均衡的现象。三是配电网存在短板。由于受到外部自然环境的影响，尤其是偏远地区、特殊地形区，铺设电网系统覆盖全区，技术要求高、管理更复杂。效益水平与发展需要之间不匹配，供电服务模式还不能适应现代社会生活多样化的需求等。

二、老问题与新课题

1. 长期存在的老问题

在考评中长期以来存在着以下几个方面的老问题。

1.1 考评的理论体系相对薄弱

目前，我国国有企业领导层评价多数依据党政领导人员考评和企业经营管理人才绩效考评方面的理论。对于既有党政领导干部特征又有经营管理人才职能，特别是还需要企业家特质的国有企业领导人员考评，相关专业研究成果较少，系统性理论支撑不足，对其专业性的研究仍处于探索和实践阶段。

国有企业领导人员的考评完全套搬地方党政领导干部的模式会走入政企不分的老路，如果全部参照企业经理人的考核又会落入唯业绩的怪圈。

长期以来，我国"党政领导干部、国企领导人员、事业单位专家"三支队伍的管理分分合合，而地方党政领导干部、事业单位专家由于其鲜明的特征，在理论和实践的探索上取得了一定成就和突破，但针对国企领导人员队伍建设特别是考评工作的研究进展并不明显。实践中许多从事国有企业组织人事工作的专业人员经常会有是把国有企业领导人员归入领导干部还是经营管理人才队伍序列的困惑。理论的薄弱使得领导人员考评工作的系统性和有效性中气不足，在方向把握和实际探索中存在不确定性。在评价理论、评价方法和实际需要之间，对任何因素的忽视或者匮乏，都会将考评引向误区。

1.2 考评观念存在误区

存在"考评无用论"和"考评万用论"的偏颇观点。

有的人（考评者）对评价结果的期望过高，认为领导人员评价可以替代组织考察和人事决策，全面发挥"风向标"、"指挥棒"作用，可以推动企业战略的彻底落实。

"追求完美是许多管理的共同特点，凡事总想找到一个完美的解决方案，希望它能解决一切问题。"所以很多管理者对于考评给予了很大的关注，很多考评的方案和方法总是改了又改，一套接着一套，在不断的否定和再否定中循环。

有的人（主要是被考评者）认为领导人员的考评只是一种简单的、形式的约束手段，并不比传统选人用人办法高明多少，没有先进的考评技术，企业也能很好地发展。考核主体和客体之间存在着一定的心理落差和相互埋怨，对于考评的期望值和接受度也需要经受实际的考验。

1.3 考评过度依赖指标

当前各类考评的基础和依托是各种系统性的指标和量化标准，也形成了对指标的依赖和惰性。领导人员考评的基本套路，很难摆脱对于每类职位先确定理想的模型、刻板的形象，然后比照评价。

"如果没有设置指标，没有维度指标和具体分值，不知道考评如何组织和开展，不知道对考评对象如何评价。"在定性和定量方法的应用过程中，考评组织者倾向于依赖定量方法，考评的出发点就是一厢情愿的、用一个刻板的标准将人的内在素质和外在表现衡量出来，从不同指标把人分出个高矮胖瘦。

由于每个组织和个体的差异性和不确定性，指标都有它的局限性和滞后性，同时指标的选取也与实际情况之间存在着差异，过分依赖指标，就会陷入机械主义。

1.4 考评体系设计不科学

当前许多国有企业领导人员考评设计仍然沿用地方党政领导干部的考评模式和手段，没有与企业的实际情况和发展需求相结合，没有体现出现代企业的特征。

一些国有企业领导人员反映："上级组织部门对我们的考评与地方的书记、市长一样，照搬公务员的模式，没有充分考虑我们身份和职责与公务员的差异，考核指标还是传统的'德能勤绩廉'，不能完全反映市场经济规律和效益优先的原则。"

由于国有企业内部按照行业和定位的区分，有市场型、专业型、服务型等不同性质单位的划分，有时候对同一企业内部不同类别、性质的单位考评也同样没有差异性和针对性，"一件衣服大家穿"，不能充分体现考评的公平性，考评的科学性和公正性受到质疑。

1.5 考评方法比较单一缺乏

考评主要形式仍然是民主测评等组织行为，仍有"唯票"、"唯分"的痕迹。对正式考评行为过度重视和依赖，忽视对领导人员基本素质特别是平时信息的掌握，对于其他手段开发使用得较少，对于领导人员的不间断跟踪、系统性观察更少。个别企业甚至出现了"不考察不了解"、"不提拔不谈话"的问题和现象。

对于定量测评的统计依赖较多，对于定性分析评价的科学性方法不多。许多领导人员的表现很大程度上与企业的基础、环境、氛围有很大关系，对于个人素质、投入等隐性信息发掘不准确不全面。

考评的重要载体是"以事评人"，但是在实际工作中，如何打造更好的考评工作，实现考评由"考事"到"考人"转变，考评实绩与考评德才的转换，"考评到班子，评价到个人"有效结合等问题还没有突破性的解决措施。

1.6 考评结果应用不充分

考评的生命力在于结果的应用和作用的发挥。从根本上讲，考评本身是手段，考评结果科学运用才是目的。考评结果有多种表现形式，如工作记实、评语、排名、等次等，但是这些结果与培训、管理、使用、退出等环节内部连接不足，没有形成关于其本身的工作依据，对效果最大化的发挥和挖掘不够，作用单一、导向性不够明显等问题仍然较为突出，一定程度上存在"为了考评而考评"的现象。

"在考评结果运用中更多地是对考评对象的激励约束、奖优罚劣、有效传递压力，促进考评对象发挥潜力、履责担当。"但是对于如何促进上级组织和考评者正确认识自己的实际情况，根据考评结论对考评者作出岗位调整和自我调整，更好地提高人岗匹配度方面还有改进空间。考评和考察"两张皮"的问题没有很好地融合解决。

1.7 考评成本较大

对领导人员的考评重视过度，顶层设计一定程度上存在着求大求全的问题，操作过程繁琐复杂、规范有余，对于现场组织和参与人员的时间占用较多，人力耗费、机会成本浪费较多。

由于国有企业内部各种评价监督体系同时运作，整体考评不系统、不集成，存在多头考核、重复考核的问题。"领导班子和领导人员综合考核、党风廉政建设责任制、安全责任制、企业目标责任制考核接踵而至，许多工作内容反复多次评价，基层单位疲于应付，给基层正常工作带来一定的困难和干扰。"

1.8 考评与容错机制融合冲突

容错的目的在于打造宽松环境，让干事者轻松上阵，而考评的重要职能是坚持结果导向，强化言行约束和效能监督。

一些思想解放、开拓创新、敢想敢干、勇挑重担的领导人员容易被误解和冷落，而工作环境宽松，工作进展顺利的领导人员反而容易脱颖而出。对于考评中包容"错误"是一个长期认识、逐步澄清的过程，需要完善的机制与科学的方法。如何将容错机制、领导人员的错误与失误，探索与犯错等有效区分开来，给予领导人员长期的耐心，做好考评结果的分析，需要在机制、体系上进行全面设计和体现。

1.9 考核人员专业化水平和能力素质不够

领导人员评价对于评价者的知识结构、能力素质以及专业技能要求很高。无论是整体方案的设计，还是评价工作的具体操作，以及在全面分析基础上得出的评价报告，评价者必须具有扎实的理论基础和丰富的实践经验，才有助于得到全面、真实和有效的结论。

组织工作也是一项专业性很强的业务工作。"许多考评从业人员没有受过严格的专业培训，缺少把握大局、辨别真伪、分析研判、知人识人等工作能力，对于考评理论脉络掌握不清晰，评价手段和方法驾驭不充分，评价结果也将失去客观性和科学性。"

1.10 参与考评者反映信息不够全面客观

参与考评者主要是考评对象的上下级和部门同事，他们大多具有相同或相似的利益关系，在具体工作中往往会出现相互维护的现象。而对领导人员工作业绩比较有评判权的群众和服务对象在考评主体的构成比例过低，即使参与到考评工作的基层群众和服务对象也大多是与相关部门熟悉的关联群体，多为经过研究挑选出来的，其所反映的信息不够全面和客观。他们也可能会因对考评组成员的信任感不足而采取消极的态度，不敢或不愿提供有效的信息。

2. 新时代面临的新课题

在新的时代，面对新的形势、环境、要求和需求，考评又面临新的挑战。

2.1 如何考评领导人员的政治素质

政治素质是国有企业领导人员的首要素质，但政治素质表现形式上呈现多样性、复杂性和隐蔽性，不易细化和量化。当前国有企业领导人员在政治素质考评上存在着方法单一、手段肤浅、评价不一、结论不清晰等问题。

新时代对于国有企业领导人员政治素质上的要求需要进一步明确。如何进一步细化量化考准政治忠诚、政治定力、政治担当、政治能力、政治自律等维度，需要理论创新和方法改进。

2.2 如何考评领导人员的专业性

专业化是国有企业领导人员的重要发展方向。当前考评设计更多基于考评对象在角色、岗位、层级上的区分和差异，没有针对领导人员的专业化要求进行设计。

"专业化标准要突出实践标准，不能简单地看领导人员学过什么、干过什么，更重要的看干成什么、干得怎么样，看在工作中体现出来的专业水平。"这样的标准不能简单以"专业"作出精准评判，必须要通过实实在在的考评才能发现和检验。

在加快专业化队伍建设的背景下，如何把专业知识、专业能力、专业作风、专业精神等内容更好地融入考评体系，发挥"指挥棒"和"风向标"的作用，需要进一步探索研究，改变用同一标准考核不同类型不同专业的领导人员的问题。

2.3 法人治理结构变化后考评体系如何跟进

根据《国务院办公厅关于进一步完善国有企业法人治理结构的指导意见》（国办发〔2017〕36号），国有企业建立健全了现代企业制度和相应的法人治理结构，规范了履行出资人职责的机构、股东会、董事会、经理层、监事会、党组织和职工代表大会的权责，相应的领导层管理模式也进行了调整（党委书记、董事长由一人担任，董事长、总经理分设；总经理一般担任党委副书记并任董事；党委专职副书记一般担任副总经理）。

"法人治理结构调整后，决策层、经营层、管理层的职责和功能进一步细化，对其领导人员的标准和要求也将发生重大变化。"配套的领导班子和领导人员考评体系设计还需要根据领导班子内部权责变化和角色变化，不断改进完善。

2.4 多元化来源的领导人员如何体现考评差异

随着国际化战略的推进和国有企业选人用人机制的创新，企业内部领导人员产生方式也发生较大的变化。在现有管理框架下，并存着体制内培养选拔领导人员和市场化选聘的领导人员。

即使同一企业领导班子内部也存在不同方式产生的领导人员。

市场化选聘领导人员在职业素养、价值追求等方面与现有体制内选任的领导人员存在较大的差异,国有企业对他们的约束也主要是在绩效上。如何在当前国有企业考评体系中对他们统一要求,做到一把尺子丈量所有人,需要进一步研究探索。

2.5 如何精准考评特质有差异的领导人员

在国有企业不断优化领导人员结构的背景下,一批 75 后、80 后优秀年轻人员进入经营管理团队。同时,具有跨国教育和工作经历的优秀人才开始更多地进入国有企业高管团队。这些新兴的力量和新鲜血液普遍带有思想活跃、个性鲜明、不拘圈围等鲜明特征。如何做好对他们的考评,做到准确评价个人、科学引导培养,需要更加深入研究。

2.6 党建工作责任的落实与领导层考评如何有效融合

坚持党的领导,加强党的建设,是国有企业的"根"和"魂",是我国国有企业的独特优势和最大政绩。

如何把加强党的领导、党的建设工作通过合理的载体和途径、通过切实可行的评价方法有机嵌入领导班子和领导人员的考评体系中,依托考评的制度化、体系化推进管党治党责任、管企治企责任有机统一,需要深入思考和谋划。

三、考评体系设计

国家电网公司针对国有企业领导班子和领导人员考评的上述

十方面老问题、六方面新课题，坚持在超前研究的基础上，不断在实践中探索、创新，积极寻求科学合理的解决之道。

1. 新时代考评体系设计的指导思想

国家电网公司领导班子和领导人员考评体系的构建，主要是完成三个方面的任务：从企业属性的角度而言，要发挥好国有企业重要骨干力量的表率带头作用，把党中央对国有企业领导人员建设和考评工作的一系列新要求落到实处；对电网企业自身发展而言，要发挥考评体系在企业领导班子和领导人员队伍建设中的基础性作用，有力支撑电网事业可持续发展；从考评专业工作而言，要解决好国企领导人员考评管理和考评工作本身存在的一系列现实问题。

1.1 落实中央对国有企业领导人员队伍建设新要求

党的十八大、十九大、全国组织部长工作会议等系列会议的召开，指明了新时期国有企业领导人员考评工作方向。国家电网公司作为国有企业重要骨干力量，在保障能源安全、服务全面建成小康社会中承担着重要的经济责任、政治责任和社会责任，要主动发挥在深化改革发展进程中的表率作用。其中，领导班子和领导人员考评工作，更应当坚决贯彻中央要求，牢记政治责任，把党要管党、从严治党方针贯穿考评工作始终。

一是用党的最新理论成果指导实践。推进理论创新，加强理论武装，是我们党始终走在时代前列和推动事业发展的根本保证。用党的最新理论成果武装头脑，坚持以理论指导实践，才能不断把中国特色社会主义发展到新的更高境界。党的十八大以来，习近平总书记围绕改革发展稳定、内政外交国防、治党治国治军发表了一系列重要讲话，十九大报告提出习近平新时代中国特色社会主义思想，深刻阐释了新一届中央领导集体的治国理政理念和方略，丰富和发展了中国特色社会主义理论体系，为推动科学发展、深化改革开放、加强党的建设提供了强大思想武器。

包括国家电网公司在内的国有企业都要自觉学习贯彻党中央精神，与党中央保持思想高度统一、行动步调一致，坚持把学习贯彻中央精神和习近平新时代中国特色社会主义思想作为重大政治任务，坚定中国特色社会主义道路自信、理论自信、制度自信、文化自信。各项工作都要以党的最新理论成果为指导，要把最新理论成果融入国有企业领导班子和领导人员考评工作，吸收干部人事制度改革的新经验新成果，确保导向正确、措施到位。

二是把握好党对国企领导人员队伍建设的标准和要求。国有企业要发展，领导人员队伍的建设是关键。需要什么样的国有企业领导人员队伍，是要明确的首要任务，也是考评体系建设的着力点和出发点。党中央对国有企业领导人员队伍建设的标准要求，既有适用各级干部和领导人员的通用要求，又有针对国有企业特点的专业化个性标准。

习近平总书记在 2013 年全国组织工作会议上提出"信念坚定、为民服务、勤政务实、敢于担当、清正廉洁"的 20 字"好干部"共性标准后，又从不同角度进行深化解读，先后提出"四有"（心中有党、心中有民、心中有责、心中有戒）、"四人"（政治的明白人、发展的开路人、群众的贴心人、班子的带头人）、"四铁"（铁一般信仰、铁一般信念、铁一般纪律、铁一般担当）等细化要求，形成了好干部标准体系，是领导班子和领导人员考评体系的基本遵循。

在 2016 年全国国有企业党的建设工作会议上，针对国有企业领导人员，习近平总书记提出"对党忠诚、勇于创新、治企有方、兴企有为、清正廉洁"的国有企业领导人员 20 字要求，成为国有企业领导人员的专业化个性标准。十九大报告又明确了建设高素质专业化干部队伍总要求。国有企业专业属性明显，需要根据党中央提出的总体标准要求，结合不同行业领域、管理层级、岗位类别的特点，明确领导人员队伍建设管理机制和配套的考评体系，研究制定分门别类的专业化考评标准和考评方式。

三是把握好改进考评工作的一系列要求。党中央针对考评中存在的问题，明确提出了一系列新要求，比如要在选拔任用中改变"四唯"（唯票、唯分、唯 GDP、唯年龄）问题，其中针对"唯票"、"唯分"的通用问题，就需要在国有企业领导人员的考评中同步加以改进。十九大在从严治党、从严监督管理干部要求基础上，提出要坚持严管和厚爱结合、激励和约束并重，完善干部考评机制，旗帜鲜明地为那些敢于担当、踏实做事、不谋私利的干部撑腰鼓劲。这些要求同样需要在国有企业领导人员管理和考评工作中研究落实。要探索建立与考评体系有序衔接、有机融合的从严监督、激励约束、容错纠错、能上能下等国企领导人员管理机制。

1.2 服务国家电网公司事业发展需要

国家电网公司作为国有企业重要骨干力量，始终发挥着表率带头作用。"十一五"回答了"建设一个什么样的国家电网，一个什么样的国家电网公司"的问题。"十二五"进一步做好"怎样建设世界一流电网，国际一流企业"这道问答题。走进新时代，国家电网公司以推进再电气化、构建能源互联网、以清洁和绿色方式满足电力需求为使命，提出建设具有卓越竞争力的世界一流能源互联网企业的战略目标。国家电网公司领导班子和领导人员队伍建设和考评体系的构建，要紧密围绕企业战略和事业发展需要加以改进完善。

一是满足电网科学发展要求。 为努力占领新一轮能源革命制高点，更好地满足经济社会发展和人民群众生活的用电需求，国家电网公司实施"一特四大"战略，建设以特高压电网为骨干网架、各级电网协调发展，具有信息化、自动化、互动化特征的坚强智能电网，建设网架坚强、安全可靠、绿色低碳、经济高效，具有强大资源配置能力、服务保障能力和抵御风险能力的现代化大电网，国家电网的功能形态、装备水平、技术含量上升到了一个新的层次。同时，国网公司企业软实力不断提升，建设统一的企业文化，建立科学的"三集五大"体系，努力建成业绩优秀、人才一流、管理卓越、文化先进，具有强大持续创新能力、品牌影响力和国际竞争力的现代企业集团。

面向新时代，要实现建设具有卓越竞争力的世界一流能源互联网企业的战略目标，对科学规划、建设、运营好世界最大的电网，建立与现代电网相适应的现代管理体系等都提出了更高要求，对领导人员的视野、思路、能力都是巨大挑战。如何将那些电网事业发展真正需要的优秀人才甄别选拔出来，通过考评不断推进领导人员转变思想观念，调整工作方式，改变行为习惯，提高引领变革、推进创新、抓好工作、带好队伍的综合素养，是考评体系构建的重要任务。

二是满足产业集群发展要求。国家电网公司着眼于提高综合竞争力，整合优势资源，优化发展布局，着力构建定位明确、功能健全、布局合理、界面清晰的产业集群。把握国家支持培育和发展节能环保、高端设备制造、新能源等战略新兴产业以及深化金融体制改革、健全多层次资本市场体系的机遇，紧跟"一带一路"倡议，加快金融产业、装备制造、国际业务等产业发展。

与熟悉的电网业务相比，新的产业在市场环境、战略规划、管理机制、人才开发、风险防范、涉外管理等方面有着不同的行业规律，在人才储备、队伍素质、工作理念、管理机制等方面还不够适应。如何把握好产业发展与加强领导班子和领导人员队伍建设、优化人才结构、提高管理素质等各方面关系，针对性设计不同产业板块领导人员的考评内容，培育数量充足的优秀专家型领导人员，提高领导人员驾驭新兴产业的能力，还需要做大量深入细致的工作。

三是满足改革环境变化要求。我国的改革已进入攻坚期和深水区，中央"四个全面"治国理政方略正在深入实施，特别是国企及电力改革的深入推进，对国家电网公司管理方式、运营机制产生深刻影响。领导人员作为改革的参与者和推动者，对改革的方向、方法、程度、速度起着决定性的作用，要发挥考评这个"指挥棒"作用，推动领导人员增强对社会环境、政策环境、市场环境变化的适应能力，把变革的新要求贯穿各层级、各业务、各岗位，形成闭环有效的决策、管理和监督机制，以适应环境变化，规避经营风险，维系企业健康发展。

1.3 着力解决国企领导人员考评和考评工作本身存在的现实问题

正如前文所述，国有企业领导层考评面临的课题和挑战是多方面的，其中任何一方面都会对考评的整体作用和效果产生重要影响。要结合国家电网公司实际情况，进行系统的归纳、分析和总结，在考评体系构建中制定系统的针对性解决方案。要围绕考评思路具有明确的方向性、考评标准具有可比的差异性、考评方法具有严密的逻辑性、考评手段具有高效的便捷性、考评结果具有客观的可信性，积极探索创新，结合新时代特点，重点在以下四个方面加以解决。

一是针对性的考评标准体系。结合国家电网公司业务板块和领导人员队伍特点，建立分门别类，体现不同专业板块、不同管理层级和不同岗位职责要求的考评标准，体现差异性和针对性，既要有通用标准，更要有专用标准。通用标准要体现国家电网公司领导人员的共性特点；专用标准要体现专业化，考评到专业知识、专业能力、专业作风和专业精神。

二是综合性的考评方法体系。把定量考评与定性考评结合起

80

来、考评方法与考评手段结合起来、不同考评方法优化组合起来，建立起以定量考评为基础，以定向考评、现场考评和定性考评为互补的完整方法体系。

三是智能性的结果分析体系。运用大数据、网络化等现代信息技术，对考评数据进行专业化统计、自动化排序、系统性分析。

四是机制性的结果运用体系。区分考评分类等级，建立可兑现的考评结果基本运用标度、单项结果运用标度和特殊运用标度。通过考评机制创新，带动实现干部管理模式的类别化、差异化、中国化。

2.考评体系设计原则

2.1 问题导向原则

完善创新的前提是有不足存在。在多年考评工作实践中，我们发现考评工作中可能存在的问题是多方面的，包括考评工作本身、考评参与者、考评组织者、单位组织等方面，其中任何一方面都会对考评的整体作用和效果产生重要影响。以问题为导向，才能方向清晰，才能抓住主要矛盾，对症下药。

一是解决考评工作本身问题。考评形式上，比如对日常考评关注不够、投入精力不足、缺乏有效手段等，导致不能及时了解和掌握领导班子运行状况，从而造成年度考评、综合考评结果与领导班子和领导人员一贯表现相互印证不足。考评指标上，其设计必须具体而明确，不能只是大的方向性的指导，必须有相应的具体标准或行为指向。反之会直接影响到考评工作的刚性约束。考评标准上，不同单位（部门）之间职能及实际情况差异较大，需要在考评标准的制定和执行过程中得到充分反映，不然就会影响考评结果的有效性和准确性。

二是解决考评参与者问题。民主测评是对领导班子和领导人员考评的重要环节，民主测评结果的真实性、有效性关乎考评成效和质量。在有些地方，民主测评工作"变了味"，成为了群众的满意度或是人际关系的风向标。人缘好，测评得分就高，甚至容易出现造假、违心填报等情况。完善民主推荐、民主测评方式，本着增强代表性、知情度和关联度的原则，应合理确定参加考评的人员范围，让"管他的"、"他管的"、"他身边的"人参加考评，增加以劳模、先进为主体的职工代表，增加各单位本部有关综合部门的副职参加谈话，熟悉的人多谈，不熟悉的人少谈或不谈，全面深入地了解真实情况。同时，考评指标经过"三上三下"广泛征求意见，被考评参与者熟知、认可后方可应用。

三是解决考评组织者问题。在考评实际工作中，个别考评组织者凭经验、印象和感觉对考评对象作出评价，使用同质性评语，对考评对象的特点、特质及不足等方面刻画不精准，考评结果评价过于宏观，得出的考评意见较为笼统，缺乏针对性。这对日后领导人员的选拔使用造成一定的影响。考评组织者不仅要有考评的能力，还要有正确的意愿，更要具有强烈的事业心。不仅要具备思想政治素质和基本业务能力，还要具备哲学、逻辑学、统计学、管理学、行为学、心理学以及公文写作等知识素养。同时，还要熟悉各业务门类的基础知识和公司各项重点工作进展情况。目前缺少建立考评资格评级制度，关注从事工作的年限、参与考评的次数以及个人学识水平和能力等，促进队伍素质快速提升。

四是解决单位组织问题。在当前的考评制度下，考评组一般是由组织人事部门派出的临时工作组，考评组成员则从不同部门抽调。这种工作模式易产生三方面问题：一是由业务部门抽调组成的考评组独立性较差，容易受各方面力量的干扰；二是考评组成员的专业性不足，自身素质和考评能力需要提高，对自己所要承担的工作和所要考评的工作领域不熟悉，造成工作上的偏差；三是考评工作的其他参与者可能会因对考评组成员的信任感不足而采取消极的态度，不敢或不愿提供有效的信息。以上问题都会造成考评工作的不公正和不准确。同时，如果考评结果在选拔任用、培养教育、监督管理和激励约束等管理工作中缺乏刚性运用，就会导致考用脱节，使考评结果失去了应有的激励约束作用。此外，在实际工作中，考评结果反馈不充分，或是反馈渠道不通畅，都会影响考评对象对考评结果的信任度。

2.2 客观真实原则

考评的客观真实是公正评价的前提。客观真实性首先通过考评报告或评估报告的真实性和可信度表现出来。充分利用考评结果，需要优化考评报告，提升报告质量。当前，考察材料"千人一面"的问题仍然存在，不仅优点表述雷同，缺点和不足的表述也相差无几。千篇一律、千人一面，远看"谁都像"、近看"不知谁"。经常使用"有时有些急躁"、"工作不够大胆"等含混不清的词语。在简况中写"组织协调能力强",在考评报告中就写"能团结一班人,善于调动大家积极性";在简况中写"作风民主",在考评报告中就写"坚持民主集中制,注意听取各方面意见";在提到不足时,往往是"批评人不注意方法"、"工作魄力小"、"创新意识要进一步提高"等词语。至于被考察人到底有哪些独有特点,与其他人存在哪些不同,则没有表达出来。不同职级意味着不同岗位职责以及不一样的工作要求,却往往在同一个笼统的标准下评价,缺乏不同类型、不同岗位、不同层次要求的特性。考评工作应注意用实例说话,用数据佐证,反映性格特征、行为风格、工作实绩和发展潜能。以综合研判提升考评的科学性,将重程序重形式的平面化考评转变为重实效重内容的立体化考评,突出体现精准"微观察",考评"集成化"。

2.3 注重实绩原则

注重实绩,就是注重在工作实践中取得的业绩。通过同业对标的横向管理和业绩考评的纵向对比,对那些经考察考评确属德才兼备、实绩突出、群众公认的,要委以重任;确属德才平庸、力不胜任、相形见绌的,要坚决调整下来,确保使用"坚持科学发展有韧劲、谋划科学发展有思路、推动科学发展有激情、实现科学发展有贡献"的优秀人才。除了同业对标和业绩考评,我们也不能忽视领导班子和领导人员在关键事件、突发事件、组织利益和个人利益冲突时的表现和能力。重视领导班子和领导人员在公司面对发展困难重重时，在公司进行战略性改革时，在公司履行社会责任需要创新奉献时的态度和言行。领导班子必须是公司可以依赖和信任的群体，与公司同呼吸、共命运。领导人员必须在关键事件中表现出鲜明的立场，具有强烈的使命感和责任感，为公司利益和社会发展坚持原则，甘于奉献。

2.4 分层分类原则

根据党站在时代的制高点上提出的实现领导人员个性化的考评目标以及增强考评科学性和准确性的要求，必须要把领导人员考评作为一个系统的体系，以实现系统内部各要素之间协调运行为目标，不断增强考评的系统性、全面性、针对性、深入性，分层分类开展考评工作。对领导班子的考评和对领导人员的考评既有区别，又有联系。

一是区别主要体现在考评的内容和标准上。对领导班子考评的主要内容包括政治素质、经营业绩、团结协作、作风形象等方面情况，一般分为优秀、良好、一般、较差 4 个等级；对领导人员考评的主要内容包括业绩、素质、能力和廉洁从业等方面情况，一般分为优秀、称职、基本称职、不称职 4 个等级。对领导人员的考评，根据不同单位、不同专业、不同岗位的特点，突出不同类型领导人员的研判要素，针对性设置评价标准，分类分级实施考评，激励领导人员围绕实现企业战略目标干事创业。

二是对领导班子和领导人员考评工作密不可分。其原因不仅在于领导班子由领导人员组成，个体影响整体，整体限制个体，而且领导班子和领导人员考评的方式方法也同法同源，都要综合运用多维度测评、个别谈话、调查核实、综合分析等方法，进行分层分类考评。因此，一般的研究工作，都将领导班子和领导人员考评结合起来，这与实际情况也是相符的。考评是一个重要的鉴别过程。对领导班子，主要从政治素质、经营业绩、团结协作、作风形象等四个方面进行评价；对领导人员，主要了解"对党忠诚、勇于创新、治企有方、兴企有为、清正廉洁"等各方面表现，从思想素质、履职能力、工作业绩、廉洁自律等方面进行评价。通过鉴别领导班子和领导人员的优劣，为优化调整、教育培训、后备培养等后续工作提供依据。

2.5 贯通协同原则

一是做到上下贯通。一个设计良好的考评体系能够指导和帮助企业应对各种逆境，使企业及时纠偏并借此对企业负责人的能力进行评判。"一切工作标准化"，通过量化和非量化方式，围绕企业战略目标，各级公司进行目标分解，自上而下建立一整套考评体系，使人人有指标、层层负责任、用人看业绩，根据每年实际的生产经营情况不断修订完善。通过对企业负责人的工作情况进行考评，掌握企业资产的经营情况，掌握企业负责人的努力程度、经营才能、敬业精神和管理水平。根据指标完成情况，对各单位负责人进行激励和约束，为组织人事部门进行企业负责人考评、选拔、奖惩和任免提供充分的依据，促进企业改善经营管理，提升负责人管理水平。

二是坚持专业协同。考评工作是多维度的，站在不同的角度观察会获得不同的信息，并可能得到不同的结论，因此要坚持专业协同。组织人事部门从日常管理与监督的角度侧重考察领导班子的运行与素质、能力状况，把年度重点工作绩效的评判权交给专业部门，相关职能部门要根据工作分工分别制定考评实施细则，定期收集分析各方面信息，具体实施考评。

考评本质上是组织管理的权责分配及控制。谁有权对领导人员开展考评是整个考评工作最重要的问题。"谁来考评"也是我们不容忽视的关键点。着力转变"考评仅是人事部门的工作"的观念，按照360度测评原理，调动相关各个方面的主动性，确保考评的运作协同化。当前，国家电网公司的考评工作采取由党组（党委）统一领导，组织人事部门牵头负责，纪检、审计、政工、人资等有关部门配合和群众广泛参与的模式，形成各部门共同参与、共同推进的"大考评"机制。这些部门相互独立，又相互关联，对考评职能进行科学分解，避免工作任务重复叠加，实现考评信息共享，充分发挥考评主体的业绩影响职能、考评职能、日常监督职能和结果运用职能，增强考评合力。

2.6 传承和借鉴相融合原则

一是定量评价与定性分析相结合。无论是绩效考评，还是综合考评，在方法选择上，都存在定性与定量两种路径。定性考评与定量考评各有利弊，单纯的定量评价或单纯的定性分析都很难做到客观、公正、准确地评价，必须坚持定性分析与定量评价相结合。信息技术和考评测评技术的发展，为实施定性分析与定量分析相结合提供了技术支撑。比如，模糊数学原理被引入考评。模糊数学原理认为，世界上的事物多数处于"正分布状态"，即在是与非、大与小、好与坏、对与错等两级之间，存在大量的"中间地带"。处于中间地带的事物之间差异一般情况下不很明显，需要进行深入描述。考评中也是类似，比如说一个人"某项能力较强"，但强到什么程度，就需要量化的概念。再比如，心理测验法、评价中心技术等逐渐进入人们的视野，考评越来越标准化、规范化、科学化。当然，任何一种测评方法以及其代表的理论，都有其自身的优势和不足。在实际考评过程中，应针对考评的内容要求，选择适当方法进行科学组合，从而形成合理的考评方法体系，保证考评结果的客观、公正、准确。

二是传统考评与现代测评相结合。考评能不能发挥作用，能不能为被考评者所认同，以及考评的结果是否能够真正对他的成长进步有帮助，这些问题在一定程度上取决于考评技术的水平。我们要把原则性要求变成操作性要求，把软指标变成硬规定，为考评体系提供保障支撑。这就要求我们在传统考评的基础上，利用一些更有信度、效度标准的工具，通过研究和梳理考评规律，开发测评辅助决策功能，进行测评数据管理，对测评结果进行横向、纵向对比，实现测评结果的深度分析和应用。

三是发扬民主与组织把关相结合。"不受节制的权力，必然导致不受节制的堕落。"在考评全过程中，加强发扬民主与组织把关的结合度，实现监督的多元化，是在工作中扩大民主的具体实践和重要任务。考评的公开、透明，是群众有效参与考评工作的前提。考评要特别注重发扬民主与组织把关相结合。一是要集体研究考评报告和考评材料。考评报告和考评材料必须客观公正、实事求是地反映考评结果。集中考评期间，考评组应每天集体通报当日考评情况，集体研究有关问题。集中考评结束后，在综合评价的基础上，由考评组集体研究，对班子和领导人员提出评价意见。二是要集体研究考评结果的使用。考评组提出的反馈意见，要经公司党组审议通过，再向各单位反馈。这些集体研究过程是民主集中制和党管原则的重要体现，有效防止了少数人说了算的现象，有力保证了考评的公平公正。

四是定期考评与长期考察相结合。考评应兼顾定期考评和长期考察，重视长期发展能力。日常考评未能充分发挥作用，缺乏日常积累，缺乏动态的、实地的、跟踪的考察，缺少随机民意调查，这在一定程度上造成组织人事部门未能做到长期、同步了解和掌握情况，对少数的了解停留在感觉和印象中，未能达到全面了解、准确识别、科学评价的目标。定期考评与长期考察并重，应提升考评指标设置的区分度，避免年度考评、综合考评存在考评内容重复重叠的现象。增强考评方式方法的多样性，特别是对在重点工作、重大事项中的表现进行跟踪了解。提高考评组织实施的科学性，用多维度标准衡量工作难易度、精确的指标评价实绩优劣度、客观的眼光看待个人努力度。

3. 考评体系设计要点

3.1 明晰考评导向

中国特色现代国有企业制度，"特"就特在把党的领导融入公司治理各环节。在这当中，党的领导落实到国有企业领导人员队伍考评中就是基础和前提。从考评体系的设计，考评方案的制定、组织、实施，到考评结果的应用，都要发挥各级党组织的领导和把关作用。在领导人员评价标准方面，要结合企业特点，引导激励国有企业领导人员始终做到对党忠诚、勇于创新、治企有方、兴企有为、清正廉洁，将素质、能力、业绩和廉洁作为国企领导人员重点考核指标，在素质评价方面主要涉及政治素质、职业操守等，在能力方面主要设计科学决策、推动执行、学习创新、团队建设等，在岗位履职方面要区分不同岗位层级和类别，考评履职成效和协同工作成效，在廉洁从业方面主要涉及廉洁自律、作风建设、遵纪守法等。在考评体系运转中，各级党组织要发挥领导作用，充分体现考评的导向性、激励性、匹配性和约束性作用，从考评工作的组织实施到考评结果的应用反馈，要保证能够代表组织意图和导向要求，把考评结果作为领导班子和领导人员队伍建设的科学依据，切实指导领导班子的搭配、领导人员的职业发展和后备人员的提拔使用等。

3.2 指标设计差异性

实践过程中，我们发现，把握考什么、怎么考、谁来考、如何考准考实，破解考人与考事、科学性与可操作性、按德才选干部与凭实绩用干部、定性与定量、高度关注与难以公认这些"两难"困境，都离不开科学合理的指标设计。

指标体系系统化。比如说，要研究班子结构、干部特质与业绩贡献的关系，这就要求准确辨明哪些指标反映的是班子结构特征，哪些指标反映的是干部能力素质，哪些指标反映的是工作绩效，并要找准各类指标相互之间的关系，形成衔接配套的整体。基于领导人员胜任力模型、人才评价技术及干部队伍建设实际规律，针对领导班子、领导人员和后备领导人员三类对象，确定评价维度和重点，构建一套科学实用的评价指标体系。

指标选取精准化。指标设计考虑企业战略、重点任务、岗位职责、工作短板等情况，做到指向明确、导向作用明显，实现准确识人辨人。不仅考实考准干部在现岗位上的胜任度，而且看清辨明干部的能力素质，全面考察干部"能力持有态"、"能力发挥态"和"能力转化态"，关注不易量化的"隐形指标"，为科学使用干部奠定基础。

指标设计差异化。经济、社会、科学技术始终在不断发展和进步，考评指标时刻盯住国际最高标准、世界一流要求，真正在企业发展、干部成长的进程中发挥关键作用。同时，考评对象、评价者的价值观也越来越多元化，干部队伍中逐步出现80后，考评指标的设计要充分考虑到不同考评对象的群体性差异。

3.3 考评方法多元化

考评方法的运用，在考准考实领导人员表现中发挥着至关重要的作用。随着考评工作的不断深化发展，组织管理要求的不断更新，被考评对象层级类型划分、来源的多元化和特质的差异性变化等，考评方法也要与时俱进，不断改进丰富。考评对象、企业内外部环境、考评方法的适用性，决定了考评方法的多元化是考评科学化的必然要求。多元化考评方法具备以下表现：一是多主体评价。评价主体越多，越能听到不同意见，反映的情况越真实。改变"少数人评少数人"的弊端，坚持上级、同级、下级评价和相关职能部门、基层群众以及社会评价有机结合，对部分面向市场的可以引入市场机制，委托社会中介机构实施"第三方评价"。二是多渠道了解信息。加强对领导人员一贯表现的跟踪了解，观察其在重要活动、重大关头、急难任务、关键时刻的表现，注重群众公认，到群众中了解识别领导人员，通过群众口碑、社会评判，印证识别领导人员的德行和政绩。三是多侧面分析。从业务工作中看效能，从民意测评中看口碑，从具体事件中看特点，从进退留转中看胸襟，从纵横比较中看差距，从协同督察中看问题，对考评对象从政治标准、道德品行、能力素质、作风状态、廉洁自律、个性特质等多个维度进行分析，多个渠道相互印证，力求客观、历史、辩证、全面地考准考实领导人员。

3.4 扎实的日常考评

"试玉要烧三日满，辨才须待七年期。"考察识别干部，功夫要下在平时。做好日常考评是整个考评工作的重要组成部分，具有及时性和基础性作用。日常考评以考评对象岗位职责和任务分工为基本依据，以考评标准的日常表现为基本内容，以领导人员完成日常工作、阶段性工作目标和"急难险重"等重点难点工作情况为关注重点，采取日常考评述职、专项工作检查、巡视督导调查、谈心谈话了解等方式，由组织人事部门或主管领导为考评主体，常态化跟踪了解和评价。要发挥日常考评在三个方面的作用。一要跟踪了解领导人员成长规律。领导人员的成长不能只进行阶段性检验，更需要的是经常性观察，将日常考评视角拓展到领导人员履职的各个时段，从其日常表现中掌握见识、秉性、格局、道德、综合素质及其变化情况，形成对领导人员个体成长规律性认识。二要加强队伍日常管理。把考评做在平时也是为了管理好和监督好领导人员。将考评覆盖到日常表现的各个阶段、环节，体现全过程从严、全天候从严、全覆盖从严，是一种行之有效的常态化监督手段。三要及时调动领导人员精气神。日常考评将"指挥棒"作用具体化、经常化，通过盯紧领导人员的日常表现，及时传递反馈考评了解情况，既让领导人员及时发现问题、补齐短板，又及时表扬肯定担当有为、踏实肯干的先进典型，发挥示范引领作用，切实提振整个领导人员队伍干事创业的精气神。

3.5 应用现代测评技术

通过应用现代测评技术，进一步增强分析研判的多元性和科学性，促进考评工作更加高效，考评数据更加完整、安全，测评结果更加精确。

数据收集环节。收集来的考核数据是多维度的，包括能力、性格、品行等。利用一些高信度、效度标准的工具，方方面面的资料都收集，最后取用哪些可以再考量。比如描述性格特征，不只是内、外向等，而是进一步量化、细化，达到能够画像的标准。要让非专业测评人员也能看懂，考核才是真正发挥了作用。攻坚谈话系统开发工作，实时完成谈话语音输入工作，解放谈话人员的双手和大脑，为提升谈话深度提供可能性。

测评分析环节。通过研究和梳理干部考评规律，开发测评辅助决策功能，进行测评数据管理。信息系统在干部配置和优化上发挥作用，而不是只回答是和非的问题。更重要的是分析特征量，特别是性格特征，促进干部优化配置。对测评结果进行横向、纵向对比分析，分析平常考核、年度考核、综合考核及干部考察个人测评结果的内在一致性和相互关联性，实现测评数据的深度分析。

结果应用环节。深化研究信息技术与隐性指标考核方法的结合，设计开发包含心理测验、投射实验、内隐关联、迫选测验等方法的内隐技术考核工具。测评分析结果可以应用于干部的培养教育、管理监督、激励约束等多方面。

3.6 考评数据综合研判

从多维度、多层面拓展数据来源，以测评数据为基础，同时结合领导班子和领导人员客观属性信息，包括年龄、专业、性格、品行等，对考评数据进行综合研判处理，以辅助各级党组织决策，促进被考评者发现问题、改进提升。一是研判对象全覆盖。对领导班子、领导人员、后备领导人员、离任人员、选人用人工作等进行全面系统的周期性综合研判，确保领导队伍分析研判工作无死角、无遗漏。结合多种方法全面、客观分析考评对象现状和存在问题，针对性提出改进性措施和建议，指导班子搭配更科学、干部队伍建设更先进。二是研判周期灵活性。根据考评数据来源和特点，灵活开展分析研判工作。通过平时研判，重点分析领导人员完成日常工作任务、阶段性目标情况和日常出勤情况等，实时掌握领导人员的见识见解、境界格局、道德品质及其变化情况。通过年度研判，对考评对象进行系统化、指标化分析和评价，掌握整体态势，提出综合建议。三是构建科学研判框架体系。针对不同的研判对象，采取不同的分析策略，提升分析研判工作的实用性和指导性。领导班子层面，侧重功能结构分析，着眼于准确研判班子现状，及时发现运行问题，科学预测优化方向；领导人员层面，侧重能力特质分析，着眼客观具体地评价领导人员，建立领导人员能力特质分析架构，促进领导人员不断提升个人能力，实现岗位职责和个人特点相匹配、相统一。

3.7 考评结果针对性应用

对考评结果进行多方面、立体化应用，充分发挥考评结果的导向作用、激励作用、匹配作用和约束作用。一是辅助各级党组织决策。为便于国家电网公司各级党委（党组）科学决策，根据考评结果编制《领导班子优化报告》和《领导人员职业发展报告》。《领导班子优化报告》旨在系统展现各单位在结构组成、运行质态、工作业绩等方面的现状和问题，为党委调整优化领导班子搭配提供科学依据和现实数据。《领导人员职业发展报告》旨在客观展现领导人员德、能、勤、绩、廉水平，结合领导人员年龄、任职时间等个性因素，为党委精准选用干部、培养干部提供支撑和依据。二是指导领导班子优化提升。编制《领导班子考评情况反馈报告》，一方面客观评价并肯定领导班子成绩，鼓舞领导班子和干部队伍的士气，继续发挥发扬班子运行中好的作风和成绩；另一方面指出不足和改进建议，对考评数据进行具体量化分析，帮助领导班子清晰认识公司存在的问题和不足，明确努力方向。三是指导领导人员成长进步。编制《领导人员考评情况反馈报告》，一方面结合领导人员的个人特点和岗位特色，准确为领导人员画像，帮助领导人员更加客观、全面地认识自己；另一方面明确指出存在的问题和不足，并提供客观材料，确保提出的问题言之有物、找准写实，指导领导人员改进方向和工作重点，不断提升领导队伍整体素质和水平。

3.8 将考评结果与组织工作相结合

把考评结果作为领导人员参加各类培训的重要依据，结合考评结果反映出的问题，建立针对性的教育培训制度。优化教育培训内容、方式和手段，把组织需求、岗位需求和领导人员本人需求有机结合起来，努力做到企业"两个一流"建设需要什么就培训什么，成长缺少什么就培训什么。把考评结果作为领导人员奖惩的重要依据。对经考评确属德才兼备、实绩突出群众公认的领导人员，要委以重任；对经考评德才绩等一般的，要进一步锻炼培养；对经考评不胜任现职的人员，要坚决调整。把考评结果作为选人用人的重要依据，充分认识班子之间、领导人员之间存在的个体差异，对领导人员行事动机、个性特质、能力专长等进行深入分析，努力做到班子成员间合理搭配、性格协调、优势互补，增强班子的团队合力。在辨别优劣的过程中，要处理好群众公认和测得票之间的关系，不能简单以得票多视为群众公认，防止"以票取人"。进一步夯实领导班子和领导人员队伍建设基础，为企业提供人才支撑和组织保证。

第三章
考评平台、工具与方法

将制度设计与单位实际结合起来，积极探索开发领导班子和领导人员考评及研判体系，着力解决考评工作不系统、不规范，研判结果不具体、不好用等问题，为优化班子配备、选准用好干部提供可靠依据。

打造一个综合考评平台：建立领导班子和领导人员大数据和信息化数据平台。

明确两类对象分析架构：领导班子和领导人员分析架构。

构建"三位一体"考评方式：平时、年度、综合考评。

增加四种研判分析方法：领导人员有关事项专题调查法、成像速写法、以事评人法、要点分析法。

呈现五种考评应用成果：考评工作手册、领导班子优化报告、领导人员职业发展报告、领导班子考评提升反馈报告、领导人员考评改进反馈报告。

（见下页图）

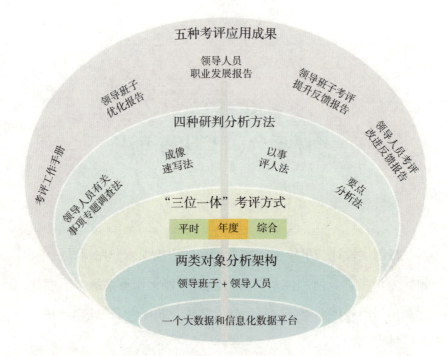

领导班子和领导人员考评研判体系示意图

一、基于大数据的考核分析系统

为全面推进组织工作信息化建设，切实加强领导人员工作信息资源的综合采集分析和深度开发利用，从 2012 年起，国家电网公司全面开展领导人员信息平台建设并在系统内全面推广使用，并在实际中根据需要逐年进行系统功能优化和升级。

1. 定位及建设目标

坚持"统筹规划、需求主导、资源共享、安全保密"的指导原则，按照"规范、便捷、集成"的基本思路，以领导人员信息资源开发利用为主线，以提高组织工作信息应用水平为重点，打造集成资源整合平台、个性化信息服务平台、规范化业务操作平台为目标，充分发挥信息化建设在改进工作方式、提高工作效率、降低工作成本、整合工作资源、提升工作水平等方面的作用，为组织人事工作提供及时、全面、优质、高效的信息技术服务、基础平台保障和辅助决策支持。

2. 架构及系统组成

干部工作综合信息平台建设，按照"一个中心，六个支点"的基本架构展开。一个中心，即干部工作规范化、科学化；六个支点，即领导人员基本信息系统、干部考核评价信息系统、干部管理监督信息系统、组织工作政策法规检索查询系统、组织工作业务办理系统和组织工作工具开发系统。

2.1 领导人员基本信息系统

（1）领导人员信息

依托干部人事档案系统，按照干部管理权限，分层分级健全完善公司系统领导人员、后备领导人员的"三龄两历"、家庭成员、表彰惩处、个人专长、分管工作、性格特质等基本信息，可以实现领导人员信息表的一键式生成，成长履历和轨迹全景式分析。

（2）机构信息

机构信息数据库主要包括机构名称、单位性质和规格级别，领导班子职数、中层领导人员、职员的职数以及实际配备人数，编制数和实有人数。

（3）数字化档案

建立健全干部数字档案信息库和相应的管理系统，通过系统间关联，对领导人员档案实施一键式查询处理。

2.2 干部考评信息系统

（1）考核档案

健全完善领导班子和领导人员试用期考核、平时考核、年度考核、综合考核的过程及结果等文书档案，存档备查，并建立相应的信息库。

（2）工作业绩档案

主要包括领导班子和领导人员受市（省公司）级以上表彰奖励情况、年度业绩考核、重大事项评价等内容。

（3）培养锻炼档案

主要包括领导人员挂职、培养、下派及抽调参与特高压建设、海外项目、体制改革等重点项目期间的工作总结、组织鉴定、考察材料以及参加培训情况、培训成绩、培训鉴定等。

（4）服务重点工作记实档案

对在重点工作中承担重要职责的领导班子和领导人员进行记实了解，跟踪记录领导班子和领导人员在电网建设、改革发展等重点工作中的现实表现。

（5）领导人员典型案（事）例档案

通过内部网络查询搜索，重点收录以领导人员本人为主导的大事实事以及专题报道、主题访谈、典型案（事）例等文字、声像资料等。

（6）相关部门考核档案

与党建部门、纪检监察、审计信访部门建立互动联系，动态了解相关部门和专项考核结果及资料。

（7）分析研判档案

加强正职人选、后备人员、关键岗位人选、千人计划人选以及看得准、有潜力、有发展前途的年轻领导人员等重点对象，对于国际化人选、女性领导人员等重点队伍的综合分析研判，并建立信息采集和分析研判档案。

2.3 干部管理监督信息系统

（1）选人用人管理监督信息

通过信息系统一级部署，主要采集基层单位领导人员选拔任用和日常管理监督信息，重点从流程和资格条件等方面对新选拔任用人员工作和情况进行管理监督。

（2）领导个人有关事项报告及抽查核实情况等

借助中央组织部统一推广使用的领导干部个人有关事项报告及抽查核实系统，全面收集个人有关事项，并收集记录抽查核实和处理情况，作为分析个人政治素质以及选人用人的重要依据。

（3）有关职能部门干部管理监督信息

加强与纪检、外联、信访等执法执纪部门的联系，将领导人员违法违纪、舆情监测等情况的调查处理结果记录在案，并对结论进行分析记录。

2.4 组织工作政策法规检索查询系统

（1）组织工作政策法规

101

全面收集中央、国资委、公司关于组织人事工作的政策法规、制度机制、权威解读、领导讲话以及工作安排等。

（2）人员信息统计查询

主要包括各种维度和统计要素的领导人员统计分析，各类对比分析、各项重要数据报表等文件资料和文字资料。

2.5 组织工作业务办理系统

（1）组织工作业务办理流程

集中收录组织人事业务中选人用人、管理监督、教育培训等各项工作规范化办理流程及相关文档模板。

（2）组织工作业务操作系统

附加挂职管理、人员调动、试用期考核、后备人员确定等应用程序和业务操作软件，实现对领导人员全过程管理。

2.6 组织工作工具开发系统

立足组织工作现有实务操作工具的收集、筛选、修正和缺失工具的分析、排查、开发，系统收集领导人员选拔任用、培养教育、管理监督、激励约束等干部工作工具，逐步优化改进。

3. 实践应用与日常维护

3.1 服务项目

信息查询服务，主要包括组织工作政策法规查询、领导人员基本信息查询等。分析研判服务，主要是为开展领导班子、领导人员队伍的基本能力素质和主要表现等综合分析研判提供相关基础资料。数据分析服务，主要是加强对相关信息资源的分析处理，为把握趋势、发现问题，科学制定组织工作政策措施提供辅助决策支持。

3.2 管理方式

按照"顶层设计、一级部署、分级负责、全面服务"的模式进行管理维护。干部监督处负责牵头组建项目组并提供技术支持和汇总整理服务，其他处室按照各自管理的人员范围，按照时间节点做好领导人员工作信息采集、更新、上报等日常维护，组织部门内部人员全部具有信息查询、分析研判和数据分析权限。

3.3 组织领导

通过项目外包的形式，组建运维项目组，对系统进行专业维护和技术支持，对平台运行技术考评，在此基础上研究提出组织工作综合信息平台优化方案；干部监督处对基层单位的工作信息质量进行检查指导，提高系统的利用效率，为提高干部工作综合信息平台的运行质量和水平提供组织保证。

4. 创新点

作为干部管理的创新手段，干部管理信息系统运用自主研发的平台，构建了统一高效的大数据源，实现了干部日常管理的辅助决策，有效提升了干部管理专业化水平。

4.1 构建干部对比分析评价模型

该干部管理信息系统从基本信息、专业专长、工作业绩、关键表现、考核推荐、成长路径等 6 个方面，从 22 个不同维度全面构建了干部对比分析的评价模型，使得在选人用人工作中能够更加准确地发现干部的能力特长、性格特点、优劣不足等方面，有利于选拔合适的人到合适的岗位，有效实现人岗匹配，发挥干部的能力特长。

基本信息	姓名	甲	乙
专业专长	现任职务	XXX	XXX
工作业绩	出生年月	XXX	XXX
关键表现	干部级别	正科级	正科级
考核推荐	级别时间	2006.10(11.7年)	2001.08(16.8年)
成长路径	任职时间	2018.03(0.3年)	2017.11(0.6年)
	名族	汉族	汉族
	政治面貌	中共党员	中共党员
	职称	高级工程师	工程师
	个人专长	电力营销管理	调控运行管理,电网运维检修管理
全日制		大专	大学/学士
	学校	XXX	XXX
	专业	用电监察与管理	焊接
在职		大学	
	学校	中共中央党校函授学院	
	专业	经济管理	
	熟悉外语		
	性格气质		

干部对比分析评价模型系统页面图

4.2 采用具有自主知识产权的平台

干部管理信息系统使用的 SG-UAP 平台，具有国家电网公司独立自主知识产权。该平台采用 MVC 的三层框架模式，即客户端、应用服务器、数据库服务器。该平台可以大大减少客户机维护工作量，提高程序的可维护性。具有强大的可扩展性，当系统的负载和系统的用户不断增加时，仅仅增加服务器数量，进行简单配置即可提高系统性能。具有高可靠性，即使发生软硬件错误或者网络错误，只要有一台应用服务器运行，系统会将故障机器的处理任务自动转给其他服务器，不影响系统的使用。

4.3 构建规范标准的大数据源

该干部管理信息系统整合以往单一化、碎片化、闲置化的干部信息资源，打破各板块、各单位的数据割据，基于大数据理论建立了统一标准的大数据源，实现数据的实时共享。系统数据涵盖个人基本情况、学习工作经历、考评信息、兼职出国等基本信息，通过集中收集、动态更新，拓宽了信息数据的广度和深度，实现对个人的精确画像，为开展大数据分析研究提供了数据源。系统整合数字化档案，通过干部管理信息系统可方便快捷地查看干部档案信息，实现个人信息与档案材料的对照查看。

4.4 实现选人用人工作实时监控

对基层单位选人用人监督管理一直以来是组织人事工作的重点和难点。以往通过现场检查的方式，时间相对滞后，仅仅起到了事后监督的作用，时效性偏弱。干部管理信息系统将用人标准和记实要求标准化、流程化，设置了警示提醒功能，对突破标准、流程缺位自动提出校核提醒，实现对干部选拔任用过程实时监测，能有效防范"带病提拔"、"带病上岗"等情况。通过对机构编制的设定，实时对各单位干部职数配备情况进行监管，有助于组织部门摸清底数、掌握实情，真正实现了对选人用人工作事前、事中、事后的监督和跟踪，实现对领导人员任免及履职周期内的全流程管理。

干部信息管理系统界面图

4.5 开发了智能化辅助工具

开发"谈话评价辅助系统",为更加客观、全面、公正地评价干部提供了基础数据与分析平台。系统独创字段识别技术和频次统计功能,将谈话记录的内容进行自动识别和归类分析,实现干部定性分析和定量评价,并能辅助评判生成考察材料。将考评人员有限的精力更加集中到干部评价等核心工作上,提高干部考评的精准性和工作效率。

4.6 具有强大的辅助决策功能

该干部管理信息系统通过绘制干部职业生涯履历地图,追踪干部成长轨迹,从时间维度、空间维度整合干部和岗位信息,全面客观地分析干部、岗位特点,实现对组织、岗位、人员等关联性分析,最大限度发挥了数据准确定性定量作用,有助于"人岗匹配"。通过大数据挖掘,全面了解和掌握基层干部年龄结构、学历分布、后备梯队培养等情况，能够帮助我们了解干部队伍存在的短板，有针对性地加强培养锻炼，提升工作的科学化水平。

二、两类对象分析架构

1. 领导班子功能结构分析架构

为了加强对领导班子的综合分析研判，多维度、立体化分析评价领导班子运行状况和领导人员履职情况，防止和避免评价内容偏重"票"和"分"、缺失功能结构维度，结合国有企业领导班子建设实际，着眼于准确评价班子现状，科学预测发展趋势、优化方向，探索建立国家电网公司系统领导班子功能结构分析架构，并在今后的实践中逐步检验和优化。

1.1 维度设计及要素分解

（1）素质结构

1）领导人员个人与岗位的专业素质适应性，评价领导班子整体管理能力。

2）领导人员个人与"一把手"的风格相容性，评价领导班子的整体凝聚力。

3）领导人员来源多样性，在适当保持连续性的前提下，注重班子成员来源专业、来源单位等多样性，评价领导班子的整体互补性。

4）任职结构。班子成员任现职年限（2年以下、2—5年、5

年以上）、任同职级年限（5 年以下、5—10 年、10 年以上）、任下一职级年限（5 年以下、5—10 年、10 年以上），是否呈橄榄型结构，评价领导班子整体素质的可持续性。

（2）气质结构

1）气质搭配。班子成员特别是党政正职气质搭配是否合理。

2）能力特质。班子成员中控制型、协作型、授权型领导人员分布搭配是否合理。

（3）年龄结构

年龄分布（40 岁以下、41—45 岁、46—50 岁、51—55 岁，55 岁以上）是否呈梯次配备，评价领导班子成长是否具有持续性。

（4）专长结构

业务专长。按照不同的专业职责，从主要业务领域（例如省电力公司为熟悉党建、生产、营销、基建、经营等专业）分析熟悉掌握主营业务的班子成员专业分布是否合理。

（5）渊源结构

班子成员的籍贯、成长地分布及班子成员学习经历、工作经历、亲友关系等渊源的交叉性、多样性，评价领导班子。

以上具体指标均分为好、一般、差 3 个等次，分别在 80—100 分、60—80 分、60 分以下的分值区间内量化赋分。

1.2 功能指标及参数设置

（1）功能指标

采取"3+X"方式，对领导班子功能结构进行量化分析和定性评估。"3"，即设置活力值（班子的执行力和活跃度）、合力值（班子的包容性和互补性）、潜力值（班子内在的、可持续的或有待开发和提升的空间）3 个基本参数；"X"，即对相关不确定因素进行定性评估。根据 5 个维度的 9 个要素，对活力值、合力值、潜力值的影响及作用程度分别赋分，对班子功能结构进行量化分析。

（2）参数设置

活力值、合力值、潜力值均为中性指标，将 60—80 分设置为合理区间值；班子功能指标超过或低于合理区间值的，进入班子建设预警状态。

结构维度与功能指标关联度参考表

结　　构	要　　素	活力值	合力值	潜力值
素质结构	领导人员个人与岗位的专业素质适应性。	15	5	10
	领导人员个人与"一把手"的风格相容性。	15	35	5
	来源分析。在适当保持连续性的前提下，注重班子成员来源专业、来源单位等多样性。	5	5	5
	任职结构。任现职年限、任同职级年限、任下一职级年限，是否呈橄榄型结构。	20	5	20
气质结构	气质搭配。班子成员特别是党政正职气质搭配是否合理。	10	20	10
	能力特质。班子成员中控制型、协作型、授权型领导人员分布搭配是否合理。	10	20	10
年龄结构	40 岁以下、41—45 岁、46—50 岁、51—55 岁、55 岁以上年龄段干部的分布是否呈梯次配备。	20	5	25

续表

结　构	要　素	活力值	合力值	潜力值
专长结构	熟悉党建、生产、营销、基建、经营等工作的班子成员分布是否合理。	0	0	10
渊源结构	班子成员的籍贯、成长地分布及班子成员学习经历、工作经历、亲友关系等渊源的交叉性、多样性。	5	5	5

1.3 数据分析及成果运用

量化分析和定性评估结果在合理区间值范围内的视为运行状况良好、可忽略或可基本忽略的班子；否则，视为运行状况不佳、需适当关注或需较多关注的班子，应对影响班子功能运行的不确定因素进行深入分析。在此基础上，根据班子建设需要，有针对性地向公司（党委）党组提出加强和改进班子建设的意见和调整配备建议。

2. 领导人员能力特质分析架构

立足于队伍专业化建设需要，着眼准确评价、科学使用领导人员，探索建立领导人员能力特质分析架构，实现岗位职责和个人特点相匹配、相统一。从职业素养、社会角色和个人认知三个维度切入，变"平面扫描"为"立体透视"，通过基础特质、情商特质、领导能力和业务能力等 4 项指标，力求客观具体地评价领导人员。

2.1 分类方式及样本选择

按照职级、年龄、性别、专业领域等，对领导人员队伍进行分类。根据工作需要，分类别、有重点地选择部分正职、关键岗位人员、培养潜力较大的年轻领导人员等作为分析样本，进行能力特质评价，形成固定评价模型推广使用。

2.2 评价指标及要素设置

根据成长环境、工作经历、岗位特点等对领导人员能力特质的影响程度，设置评价指标及要素。

（1）基础特质

1）性格底色。根据性格特质跨情境的一致性、普遍性和跨时间的稳定性、持续性，将领导人员性格划分为外向型、内向型、中性等三种类型，注意分析性格类型与现实岗位的正相关或逆相关关系。

2）思维方式。分析领导人员的教育背景和成长轨迹，特别是深入分析对人生观、价值观形成和发展有较大影响的重要阶段、关键岗位的行业特点或文化氛围，以及由此外化出的行为特征，并通过谈话印证，了解其思想方法、思维习惯、价值取向以及行事作风、处事态度、工作方式等。

（2）情商特质

1）自我认知。开展自我评价与专业测评，印证组织评价与群众评价的吻合度，个人职业规划和职业期许的现实性、可行性。

2）情绪管理。分析领导人员面对成功与挫折、顺境与逆境，及时调整情绪、心理、意向、动机的能力。

3）人际交往。分析领导人员协调组织内外关系，与人合作共事，包容人、理解人、影响人的状况。

（3）领导能力

1）谋划决策能力。分析形势、科学筹划，结合工作实际理思路、作决断的能力。

2）组织协调能力。组织和协调各种力量，实现组织目标的能力。

3）开拓创新能力。吃透上情、摸清下情、立足实情，创造性地开展工作的能力。

4）执行落实能力。采取有效措施，将班子决策部署贯彻到位的能力。

（4）业务能力

1）政策运用能力。熟悉某一专业领域政策规定，并能正确解读和运用。

2）实务操作能力。掌握某一专项事务的业务流程和操作办法，成为本职工作的行家里手。

3）归纳分析能力。了解机构的历史沿革、事件的来龙去脉和人员的变迁轨迹等，得出规律性认识。

2.3 分析工具及实现路径

将传统手段与专业手段有机衔接，形成不同的工具组合。

（1）实用型评价工具

1）简历查阅。通过领导人员信息平台，了解评价对象的基本情况、教育背景、工作经历和成长轨迹等。

2）实情问询。通过平时考核、组织谈话等，按照管理、服务、协作及其他知情关系，询问相关人员。

3）事件分析。通过组织谈话、专项了解等，分析评价对象在面临重大考验、完成重大任务、身处关键岗位、适应特殊环境等典型事件中的表现，评价其应变能力、驾驭能力、工作经验、心理素质等。

4）面谈沟通。采取个别谈话、集体面谈、素质测评等方式，与评价对象进行面对面谈话沟通，对其适应职位能力、职业取向、发展潜力和心理素质等作出较为直观的基础性判断。

5）业绩回顾。根据组织部门内部掌握和平时了解情况，参考综合考评、专项考核等结果，对评价对象的工作思路、工作投入、工作绩效等作出较为全面的综合性分析。

6）集体画像。通过考核组头脑风暴等形式，防止单一主体评价造成偏差，吸收相关人员共同参与，对评价对象的能力特质进行集体研究分析，作出较为立体的描述性评价。

（2）专业型评价工具

1）履历业绩评价。通过分析"学过什么、管过什么、干过什么"，了解"干成过什么、干对过什么、干好过什么"，全面评估领导能力和管理潜质。

2）心理素质测验。坚持定性、定量相结合，对性情、意志、品质和职业倾向、发展潜力等进行综合测试、分析评价。

3）专业素养评估。对专业性较强的岗位，组织有关人员对干部履行岗位职责应具备的专业素养进行综合评估。

2.4 成果转化及实践应用

探索有效方法，加强成果转化，将能力特质评价结果作为领导人员培养教育、选拔任用、管理监督、激励约束的依据。

（1）双向互动培养

坚持组织培养与个人努力相结合，通过组织与个人的双向互动，增强干部培养的针对性和实效性。一是制定个人职业计划。向干部本人反馈能力特质评价结果，指导其结合岗位特点和自身实际，制定切实可行的职业发展计划。二是明确组织培养方向。立足岗位的差异化要求和干部的差异化禀赋，分领域、分层级、分岗位确定培养方向，制定培养计划，落实培养措施。对基础特质欠缺的，引导其有意识地克服性格弱点、优化知识结构、开阔眼界视野、转变思维方式；对情商特质欠缺的，引导其调整自我认知、加强情绪管理、改善人际交往。对领导能力欠缺的，安排其下派挂职、上挂锻炼、交流轮岗、参与重点工作等；对业务能力欠缺的，加强其主题培训、技能训练、专业研讨等。三是实现双向协调互动。既从组织角度对领导人员的培养目标和培养方向进行计划、组织、领导和控制，又指导领导人员适时调整修正个人职业发展计划，增强组织培养与个人期许的契合度和协调性。

（2）人岗相适考察

着眼于科学合理使用，对领导人员进行分类考察。一是因岗选人，同类比选，开展岗位最优分析。在认真进行职位分析的基础上，通过能力特质评价初步筛选若干人选。对照职位需求进行差额考察，重点了解领导人员与拟任职位的匹配程度、个人与班子的契合程度，通过认真比对，提出最佳人选，力争岗得其人、人适其岗。二是因人选岗，适岗评估，开展最优岗位分析。依据平时了解情况和能力特质评价结果，对领导人员进行深入考察，重点了解其德才素质。通过综合研判，考虑确定有利于干部最大限度发挥作用的岗位，把合适的干部放到合适的岗位上，做到以能识人、量能用人。三是把住底线，反向评价，开展岗位否决分析。将领导人员的德和遵纪守法、廉洁自律等情况作为否决性考察的重要内容，了解其是否存在影响提拔任用的问题，防止"带病上岗"、"带病提拔"。

（3）多元持续激励

利用能力特质的正向和负向评价结果，因人而异、及时适度激励，以满足领导人员的归属需求、尊重需求、心理需求和自我实现需求。对在专业领域、专项工作中成果丰硕的领导人员进行物质薪酬奖励；对能力过硬、业绩显著的领导人员进行荣誉勉励；对综合素质好、发展潜力大的领导人员进行培养鼓励；对德才兼备、实绩突出的领导人员进行提拔激励。同时，对能力素质存在缺陷或精神状态一般的领导人员，举办作风转变和能力提升培训班；对不胜任、不称职的领导人员，视情况进行诫勉谈话、通报批评、组织调整等，激发队伍干事创业、创先争优的原动力。

三、"三位一体"考评方式

对领导班子和领导人员的考核，主要分为平时考核、年度考核和综合考核，共同构成"三位一体"考评体系。平时考核是对领导班子和领导人员进行的经常性考核，一般通过工作检查、调研、党建工作平时考评、参加民主生活会等形式进行；年度考核主要考核本年度领导班子和领导人员履行岗位职责的情况，一般结合企业负责人年度业绩考核、党建工作年度综合考评、"一报告两评议"等工作，通过民主测评等形式进行；综合考核是对领导班子和领导人员的政治素质、履职能力、工作实绩、作风建设和廉洁自律等情况进行全面考评，一般每两年进行一次。年度考核、综合考核等工作期间，可按照有关规定对离任一年内的相关领导人员进行离任后"回头看"考评。

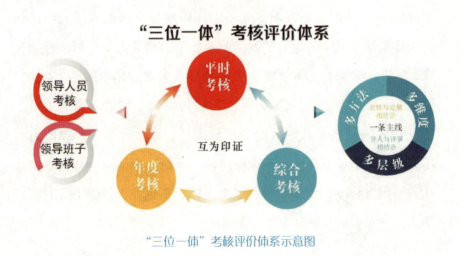

"三位一体"考核评价体系示意图

1. 领导层平时考核

领导人员的德才表现具有隐蔽性、可变性和复杂性，尤其在突发性事件、重要关头、关键时刻更能真实体现出来。着眼于解决平时考核"了解谁、了解啥、如何了解、谁去了解"的问题，以"五观察五看"为重要指导方针，就平时了解的对象、内容、方法和主体等进行规范，避免信息失真，了解不全。

1.1 平时了解的对象

坚持点面结合，既全面了解情况，又关注重点人群，合理确定平时了解的对象。

（1）基层单位领导班子成员、单位"一把手"、发展潜力较大的优秀年轻领导人员；

（2）参与公司重点工作、重大项目的干部；

（3）其他需要了解的干部。

1.2 平时了解的内容

围绕德才表现，注重日常细节和过程表现，重点考核领导人员完成日常工作任务、阶段性目标情况和日常出勤情况，了解领导人员日常处理急难险重任务、平时服务基层及日常作风表现，实地掌握领导人员的见识见解、秉性情怀、境界格局、道德品质及其变化情况。

1.3 平时了解的方法

着眼于多主体评价领导人员、多渠道了解领导人员、多侧面分析领导人员，把功夫下在平时，拓宽渠道，打造工具。

（1）平时了解渠道和方法

1）跟踪了解法。结合现场调研、专题了解等多种手段对后备领导人员、挂职锻炼人员、新提任领导人员等对象干事创业的情况进行全程、动态跟踪了解，分析领导人员干事创业的主观努力情况，研判实绩的真实性、时效性，督促领导人员提高工作效能。

2）一线考核法。深入基层一线、工作现场，对于窗口单位、援疆援藏、挂职锻炼等领导人员进行近距离观察，既能真实准确把握其工作业绩、能力素质，更能观察其作风状态，群众感情、品行情况。

3）会议观察法。通过列席领导班子民主生活会，观察了解领导人员的自我认知能力、担当精神、责任意识以及总结概括、语言表达能力等。参加单位重要工作会议，了解领导人员的谋划决策、组织领导、推动落实能力，以及业务水平和应变能力等。

4）重要事项了解法。联系专业部门，通过个别谈话、实地查看、查阅资料、走访基层等形式，对重点建设项目、重点工作任务、重要突发事件，全面了解领导人员履职尽责和作风建设情况，发现涌现出的优秀人员。

5）巡视巡察法。按照对下级党组织及领导班子进行巡视的有关要求，通过巡视组了解领导班子和领导人员日常表现情况，特别是一些苗头性问题、隐藏较深而未被发现、群众意见较大且一直未得到解决的问题，并将问题落到责任个人，力争做到早发现、早提醒、早制止。

6）动态记实法。对本部部门通过领导人员的考勤记录、周工作计划、工作完成情况等，了解领导人员工作状态和素质特点，把握其在工作中的付出和表现，做到评事到评人的转变。

7）谈心谈话法。通过与领导人员本人或集体进行面对面交流，掌握其诉求和思想动态，观察其见识见解、秉性情怀、境界格局、道德品质和综合素质，直接或侧面了解其综合履职情况，帮助疏导负面情绪、体现组织激励和关怀。

8）绩效评估法。对从事专业性工作的领导人员，对照工作目标或工作绩效，采取调阅结果、对照评估等方法，评定领导人员工作任务完成情况，有效量化领导人员平时的工作实绩，准确反映履职情况。

9）借鉴有关部门专项考核成果。通过召开干部工作联席会议等方式，通过专业部门对基层分管人员的评价，了解领导人员工作思路和表现，收集了解纪检、审计等职能部门提供的相关数据和评价意见，了解领导人员作风纪律情况。

10）了解干部处理信访等疑难问题情况。了解干部应对复杂问题或突发事件的能力、领导方法和领导艺术、对群众的感情和做好群众工作的本领等。

11）舆情信访实时监控。专人盯网跟踪，随时了解掌握舆情与信访，并搞好收集整理、分析研判。

（2）补充方法和工具

1）组织人事工作调研。依托党建、组织工作调研，实时了解领导班子运行情况和领导人员现实表现。

2）大数据专业支撑。依托领导人员大数据建设，从领导人员基本信息、培训培养、在线学习、宣传报道等系统，汇总了解领导人员日常表现。

3）延伸访谈。针对特定的事例，按照管理、服务、协作、知情等多种关系，访谈相关人员，从群众口碑和知情人意见中分析了解领导人员的一贯表现。

4）随机测试。采取笔试或面试的方式，随机对某领导人员群体进行本职岗位所必需的基本理论、政策法规、相关业务及公司工作部署等应知应会知识测试。

5）"三评"印证。开展领导评价、下级评价和自我评价，相互补充印证，作出较为形象、具体的评价。

上述渠道或工具，可视掌握的具体情况灵活运用。

1.4 后续管理

组织部相关处室按照职责分工，通过上述方法（部分方法），有针对性了解相关单位领导班子和领导人员的德才表现。根据平时了解主体所收集到的基础信息、特质评价和其他情况等归纳梳理、专题汇报，综合数据分析（通过对其业绩指标、民意测评、性格测评、日常数据等，评估领导人员的事迹和德才表现）、因素分析（考虑各种内外部因素对领导人员平时表现的影响，通过分析工作基础、外部环境、资源禀赋等客观因素，合理评价领导人员主观努力和客观工作绩效）、案例分析（评价领导人员在平时工作中处理的典型案例，特别是在重大事件、重要关头、关键时刻的表现，从中掌握鲜活的、具体的情况），形成相关结论，将有关情况纳入干部综合信息平台。对经平时了解认定确需特别关注的干部，进行深度了解，形成平时考核材料。

领导人员日常言行负面清单 50 条

项目	序号	具体负面情形
政治素质	1	组织、参与、资助各类与身份不符的非正规社会组织和活动
	2	在上级重大政策、重大决策出台后，推进过程中滥评妄议
	3	在 QQ、微信等网络社交平台发布、转发、评论不良言论
	4	散布不实的小道消息，对他人恶意中伤诋毁，造成社会负面影响
	5	对集体已经讨论决定的事项随评乱议，对需要保密的内容跑风漏气
	6	执行请示报告制度不到位
	7	填报个人有关事项时，隐瞒不报或存在错报、漏报情形且未按要求及时补报
	8	违反因私出国（境）管理规定，存在擅自持有或未及时上交证件，未按审批的时间、地点、内容出国（境）等情形
	9	干部档案填写不真不实不全，主观上故意欺骗组织
	10	无正当理由不服从组织安排，在规定期限内不到岗履职
	11	工作中闹无原则矛盾纠纷，影响班子团结和工作推进
	12	违规插手招投标和具体案件处理影响正常工作履行
	13	配偶已移居国（境）外，或者没有配偶但子女均已移居国（境）外
	14	因个人原因，缺乏社会公德，导致家庭、邻里关系不睦
工作能力	1	工作适应性差，到新岗位较长时间后仍难以有效打开工作局面
	2	工作进取心不强，学习不努力，思路不够清晰，职责把握不准，造成工作被动
	3	因工作不力或处置不当，造成严重损失，丧失发展机遇
	4	在上级对重点工作专项考核中发现存在较为严重问题
	5	在上级考核中，因主观原因，单位主抓工作或分管工作连续两年列末档、末位或明显后退

续表

项目	序号	具体负面情形
工作能力	6	在安全生产、党风廉政、信访维稳等工作中，连续两年因同一项工作被"一票否决"
	7	因工作失职、渎职，被上级通报批评或媒体曝光
	8	试用期满考核不称职得票率或者不同意转正得票率超过三分之一，或者新选拔任用干部在干部选拔任用工作"一报告两评议"中民主评议不满意率超过三分之一，经组织认定后情况属实
	9	在各类专题民主评议中，干部群众反映问题比较集中
	10	在巡视(巡察)期间发现干部群众反映较多，经组织调查核实认定，确实存在不适宜担任现职情况
工作作风	1	执行党委议事规则不到位，涉及重大事项不经集体民主讨论，个人说了算
	2	不严格按照《领导人员管理办法》进行规范选人用人
	3	对上级交办的任务不能很好服从、执行，影响工作推进
	4	对应配合的工作相互推诿、敷衍塞责、支持不力
	5	在安全生产、舆情处置、扶贫救灾等方面失职，导致发生各类事故案件，造成损失或产生不良影响
	6	工作精力不够集中，存在在岗不在位、上岗不上心情况，影响工作推进
	7	无故不参加上级召开的重要会议或组织的重大活动
	8	无故不参加上级统一组织安排的领导人员政治理论学习、业务培训，或者考核不合格
	9	无正当理由连续5天以上不上班，或者1年内累计旷工超过10天
	10	在专项执法检查中有工作不实、好大喜功、做表面文章、弄虚作假等行为

续表

项目	序号	具体负面情形
工作作风	11	经济责任审计中发现有重大损失浪费或违规行为，或者经济责任履行情况量化评级为较差及以下等次
	12	缺乏担当精神，不敢直面矛盾，不愿动真碰硬，推进工作不力
	13	工作中存在不催不办、不推不动、拖拉推诿、拈轻怕重等"中梗阻"现象
廉洁自律	1	执行中央八项规定、"三十条实施"细则不力
	2	违反机关效能建设"四条禁令"
	3	借各种名义搞吃喝，违规操办婚丧喜庆，造成不良影响
	4	社会交往杂滥，有不正常小圈子，损害干部形象
	5	违规从事经商、炒股、资金拆借等营利性活动，影响正常工作
	6	经费报销不规范，存在贪小便宜、谋取私利等行为
	7	生活作风不检点，存在赌博、吸毒等行为，造成不良社会影响
	8	对配偶、子女、身边工作人员违法违纪行为知情不管
	9	利用职权违规安排亲属及他人工作
	10	疏于监管教育，致使班子成员或下属出现违法违纪行为
	11	违规在社团、企业兼职、取酬
	12	利用个人职权和影响力，为配偶、子女以及其他特定关系人进行利益输送
	13	在人事安排、工程项目、物资采购中违规说情打招呼

2. 领导层年度考评

强化对领导班子和领导人员的经常性、组织性考评，突出导向和引领作用，把公司党组（党委）对领导班子和领导人员的要求系统化、指标化、数字化，按照知情度、关联度、广泛性、代表性等要求，每年一次开展民主测评和业绩考核，掌握领导班子和领导人员年度表现情况。

2.1 评价对象

（1）基层领导班子和参照领导班子管理的总部部门。

（2）领导人员。

2.2 评价内容

（1）领导班子

考评内容：巩固深化"四好"班子创建活动成果，将政治素

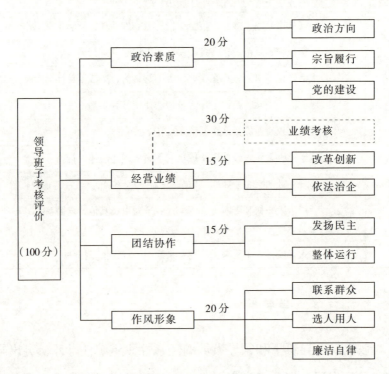

领导班子年度考评示意图

124

质、经营业绩、团结协作和作风形象4方面作为班子考评的一级指标，在"四好"的4方面一级指标下，设置了11项二级指标：政治方向、宗旨履行、党的建设、业绩考核、改革创新、依法治企、发扬民主、整体运行、联系群众、选人用人、廉洁自律等。

政治素质是国有企业领导班子建设的根本和灵魂。国家电网公司作为国民经济命脉和国家能源安全的特大型国有重点骨干企业，领导班子建设要紧扣管党治党的长期历史主题，从国企是执政重要基础的政治高度出发，高举中国特色社会主义伟大旗帜，坚持国有企业的社会主义方向，坚守央企使命。通过考核，督促引导各级领导班子自觉与以习近平同志为核心的党中央保持高度一致，尊崇党章，严守党规党纪，贯彻公司党组决策部署，在改革发展稳定及各类急难险重任务中敢于担当、攻坚克难，保障电力安全、经济、清洁、可持续供应，严格落实管党治党责任，推动形成良好的政治生态，发挥好国有企业"六个力量"的作用。

经营业绩是体现企业特点的最主要方面，取得好的经营业绩也是企业领导班子最重要的职责。目前，公司业绩考核已形成了较完整的考评体系（业绩考核和同业对标管理考核），可以引用有关考评结果。按照中组部关于领导班子和领导人员综合考评的改革精神，经营业绩应在领导班子考评指标中占更大分量，引导各单位领导班子专注价值创造，强化创新、创造、创业，破解发展难题，企业管理水平和发展质量不断提升，核心竞争力不断增强。

坚持团结协作、增强整体合力是班子工作的基础条件和领导人员履行职责的基本保证。公司建立完善领导班子运行机制，并强化执行。通过考评，督促领导班子及其成员整体上要认真执行国家法律法规和公司各项规章制度，防止集体"闯红灯"，落实民主集中制，能够凝聚共识，增强整体合力；强化监督制约，分工明确，配合默契，运转高效，整体功能充分发挥，保证目标的一致性和内部运转的平衡性。

作风形象事关党的形象，关系人心向背，决定事业兴衰。国家电网公司长期以来具有注重作风形象建设的良好传统。对照新时代作风建设的迫切要求，通过考评引导各级领导班子贯彻落实中央八项规定精神和公司实施细则，深入基层和一线，关心关爱职工，切实维护职工群众合法权益；全心全意依靠职工办企业；发挥好表率示范作用，坚持好干部标准，选人用人程序规范；知人善任、人尽其才，建设素质优秀、结构合理、作风过硬的领导人员队伍；落实"两个责任"，健全廉洁从业各项制度规定，自觉遵守并有效落实，规范领导人员从业行为。

考评方法：领导班子年度考评满分 100 分，包括测评指标评分和业绩考核评分两部分。其中：测评指标评分满分 70 分（政治素质满分 20 分、经营业绩满分 15 分、团结协作满分 15 分、作风形象满分 20 分），通过现场组织测评得出；业绩考核评分满分 30 分，一般采用被考核周期内企业负责人年度业绩考核的成绩，折算为相应评分。

（2）领导人员

基于"国有企业领导人员是党在经济领域的执政骨干，是治国理政复合型人才的重要来源"的历史定位，遵循"对党忠诚、勇于创新、治企有方、兴企有为、清正廉洁"的 20 字要求，经过细化从以下各方面进行考评。

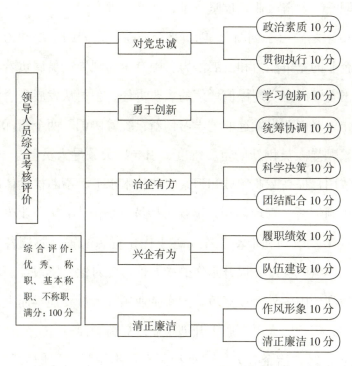

领导人员综合考核评价指标示意图

20 字之"对党忠诚"。对党忠诚是中国共产党人必须具备的优秀品格，也是国有企业领导人员的最基本要求。根据中组部关于改进完善干部考核工作的若干意见，选取政治素质和贯彻执行两个指标，重点考评领导人员坚定理想信念、遵守政治纪律、落实上级决策等情况，引导广大领导人员在牢记自己的第一职责是为党工作，牢固树立政治意识、大局意识、核心意识、看齐意识，把爱党、忧党、兴党、护党落实到经营管理各项工作中。在思想上政治上行动上自觉同以习近平同志为核心的党中央保持高度一致，坚决贯彻公司党组决策部署，全面落实公司重点任务，忠于职守，勤奋敬业，攻坚克难，严格管理。

20字之"勇于创新"。创新是企业持续发展的不竭动力，决定着企业的竞争能力和发展潜力。国有企业领导人员肩负着经营管理国有资产、实现保值增值的重要责任。公司从发展理念创新和工作思路创新出发选取"学习创新、统筹协调"两个指标，作为考察领导人员创新的重要维度，引导广大领导人员善于学习，学以致用，提高专业领域知识素养和技术水平，不断推动体制创新、机制创新、管理创新，增强可持续发展能力；从企业改革发展大局出发谋划和推动工作，善于优化资源配置，协调各方力量，有序组织实施，提升工作的指导性、针对性、实效性。面对日趋激烈的国内外市场竞争，国有企业领导人员要迎难而上、开拓进取，带领广大干部职工开创企业发展新局面。

20字之"治企有方"。"推动国有资本做强做优做大"、"培育具有全球竞争力的世界一流企业"对国有企业领导人员的思想作风素质本领都提出了更高的要求。一个领导人员要作出好的工作绩效，就必须在自己的工作岗位上有正确的努力方向和专业能力。根据贝尔宾团队角色理论，公司从科学决策、团结配合两个方面，对领导人员的综合素质进行测评，引导广大领导人员善于把握公司和电网发展趋势与规律，思路清晰，眼界开阔，有前瞻性；坚持民主集中制，坚持科学决策、民主决策、依法决策，善于调动各方面的积极性，注重调查研究，善于应变，决策果断，在推动企业整体发展中发挥建设性作用。

20字之"兴企有为"。能干事、会干事、干成事是衡量领导人员是否称职的重要标准。目前，要以公司重点工作和重要任务完成情况为依据，在引入企业负责人年度业绩考核结果的基础上，加强对领导人员的履职绩效和队伍建设的考评，着重评价领导人员分管工作完成的效果，以及在推动企业持续健康发展中所发挥的建设性作用，引导广大领导人员认真履行岗位职责，正确发挥好职能作用，积极营造良好的团队氛围，高质量完成各项工作任务，有利于提高企业竞争力和经营管理水平，坚定不移把国有企业做强做优做大。

20字之"清正廉洁"。清正廉洁是"为政之本"、"为官之要"。国有企业领导人员要严格廉洁自律，堂堂正正做人，干干净净干事，不以公权谋取私利，始终保持清廉的本色。公司选取作风形象、清正廉洁两个指标，评价领导人员发挥表率作用，加强自身建设的情况，引导广大领导人员贯彻落实中央八项规定精神和公司实施细则，坚决反对"四风"，勤俭办企业，求真务实、真抓实干，自觉遵守领导人员廉洁从业各项规定。

考评方法：测评指标评分满分100分，设置"对党忠诚、勇于创新、治企有方、兴企有为、清正廉洁"5项一级指标和10项二级指标，同级各项指标所占分值为10分。通过现场组织测评所得，其中针对领导人员的岗位、角色的不同，每项指标赋予不同内涵和外延。国家电网公司坚持运用360度考评方法，针对领导班子和领导人员（正、副）不同层面关注的不同要点，分 3 类建立 4 种不同的考评参照指标，释义准确、界限清晰、易于衡量，体现了考评要素和指标的层次性与科学性。

2.3 评价方法

业绩考核法。公司每年组织对领导班子和领导人员进行企业负责人年度业绩考核和党风廉政测评。相关考评成绩作为领导班子级领导人员的业绩考核重要内容。（不再展开阐述）

民主测评法。利用公司召开职工代表大会或年度工作会进行，被考核单位主要负责人代表领导班子述职，领导人员进行个人履职情况述职，与会人员对领导班子和领导人员进行民主测评。

考评组通过考评规则，对于领导人员年度考评各项指标进行取分和加权汇总，相关结果作为综合考评的年度组成部分。

3. 综合考评指标

综合考评是公司在平时考评和年度考评的基础上，综合运用民主测评、个别谈话、听取意见、综合分析研判等方式，对领导班子、领导人员、后备领导人员、离任人员、选人用人工作等进行的全面的系统的周期性考评活动。综合考评两年一次。

3.1 考评对象

领导班子、领导人员、后备领导人员、离任人员、选人用人工作。

3.2 考评内容

（1）领导班子考评

相关内容同年度考评，为两年考评的叠加综合；考评结果作为领导班子鉴定评价和优化调整的重要依据。

（2）领导人员考评

相关内容同年度考评，为两年考评的叠加综合；考评结果作为领导人员薪酬兑现、选拔任用、教育培养、管理监督和奖惩退出的重要依据。

（3）后备领导人员推荐

后备领导人员推荐是干部人事部门根据配备领导班子和选拔任用干部的需要，按照规定的条件、范围、程序和要求，组织有关方面人员参加推荐领导人员人选的活动。相关推荐结果作为领导人员选拔使用提名的重要依据。

民主推荐按推荐方式分，主要有会议投票推荐和个别谈话推荐；按职位需求分，主要有定向推荐和非定向推荐，其中定向推荐针对具体职位，非定向推荐只提职级要求；按人选数量分，主要有全额推荐和差额推荐。

民主推荐一般要召开民主推荐会，公布推荐职务、任职条件、推荐范围，在会议投票推荐结束后，要进行个别谈话推荐。

（4）离任人员"回头看"

原工作单位工作满一年以上的易地任职正职领导人员（含主持工作的副职领导人员），对其在原单位任职期间履行工作职责情况进行的分析评价，是对领导人员平时考核、年度考核和综合考核的延伸，是领导人员选配的重要依据。

离任人员"回头看"考评，综合运用发放调查问卷、个别谈话和综合评价等方法实施。重点了解领导人员在"政治素质、经营管理、党的建设、依法合规、凝聚班子、选人用人、廉洁自律"等方面综合表现情况。

（5）选人用人工作检查

落实"一报告两评议"工作要求，对于基层单位领导班子、领导人员、干部人事部门等落实上级选人用人工作的情况进行全面检查。

所在单位党组织主要负责人报告选人用人和队伍建设情况，对选人用人工作和新提任领导人员进行满意度测评，并可采取分工抽查、调阅记实材料等方式，对选人用人工作的政策执行、日常管理等情况进行评价。

3.3 考评方法

业绩考核：同年度考核内容

民主测评：同年度考核内容

个别谈话法。在民主测评之后进行，重点组织班子成员、主要部门负责人、综合部门副职等进行个别谈话，考察班子的整体运作和班子成员政治素质、工作实绩、业务能力、廉政勤政、群众公认等情况。

实地考察法。综合考核过程中，有重点地选择二级本部、三级单位进行素材收集、指标核实、查阅资料、调阅档案等，着重了解班子总体功能发挥、团结协作建设情况、安全生产、经营管理、党风廉政建设方面的业绩和亮点特色、存在的不足和差距，以及现实困难等。

动态跟踪法。到被考核对象原来工作过的单位（部门）了解情况。因无上下级关系可消除谈话对象思想顾虑，可了解更真实、更有补充价值的情况。实行比较考察，主要把某个成员现实表现与历史表现相比较，同时与同层次其他成员相比较，进行跟踪记实。大量信息的积累，利于全面、整体评价干部，避免"一考定终身"。

考评组通过考评规则，对于领导班子和领导人员年度考评各项指标进行分值测算，得出考核测评的分数；并结合个别谈话、延伸考评等掌握情况，进行综合研判，得出综合考评结果，形成综合考评的呈现材料。

3.4 考评结果应用

领导班子综合考评结果分为"优秀"、"良好"、"一般"、"较差" 4个等级。领导人员分为"优秀"、"称职"、"基本称职"、"不称职" 4个等级。领导班子贯彻执行公司党组决策部署不力的，未完成经营业绩考核目标的，企业或者领导班子成员因发生严重违法违纪案件被司法机关等处理处罚的，因违规决策或者决策失误给企业造成重大损失的，出现重大安全生产和环境责任事故、严重影响社会稳定事件的，不得评为"优秀"等级。领导人员出现以下情况，除因不可抗力外，未完成公司党组交办的重要工作任务的，对重大决策失误或者重大事故负有责任的，给企业造成重大损失的，因违规违纪受到组织处理或纪律处分的，不得评为

"优秀"等级。

考评结果反馈。国家电网组织部向各单位主要负责人反馈领导班子和领导人员的综合考评情况,分别向领导班子其他成员反馈领导班子和领导人员的综合考评情况。各单位领导班子和领导人员根据反馈意见,制定整改措施。

领导班子综合考评结果为"优秀"的,以适当方式表彰;结果为"良好"的,进行勉励,并指出不足,分析原因,促其进一步改进;结果为"一般"的,限期整改或适当调整;结果为"较差"的,进行组织调整。领导人员综合考评结果为"优秀"的,以适当方式表彰,并将其综合考评情况作为培养使用的重要依据;结果为"称职"的,进行勉励,并指出不足,分析原因,促其进一步改进;结果为"基本称职"的,视情况进行提醒、函询或者诫勉,指出问题和不足,限期改进,视具体情况进行岗位调整;结果为"不称职"的,区分不同情形,采取调离岗位、改任非领导职务、免职等方式予以调整。

四、四种研判分析方法

1.领导人员有关事项专题调查法

为更好地履行组织部门了解领导人员实绩、关注队伍动态、加强工作监督的职能,有针对性地选择一些基础性、重点性、倾向性等问题,对领导人员有关事项进行专题调查。

1.1 领导班子思想政治建设调查

将领导班子思想政治建设作为公司巡视工作重要内容，对"一把手"任职时间较长的领导班子，近期调整或变动较大的领导班子，涉及公司中心工作和重点项目的领导班子，社会关注度高、具有科研服务职能的领导班子，年度领导班子考核优秀或称职率不高的领导班子，公司巡视反馈其思想政治建设需要加强的领导班子等进行巡回调查。对调查中发现的先进典型和经验做法进行总结，适时宣传推广；对问题突出的领导班子，深入分析原因，并视情况采取必要措施督促整改。

1.2 公司重点工作调查

对推动落实公司发展战略，公司主要领导关注的当前正在实施的专项工作、重大项目，对公司当前正在攻关推进、改革创新的重大基础工作等开展专题调查。通过听取汇报、实地查看、走访座谈、满意度测评等方式，区分主导、主办、重要参与、一般参与等情形，对各单位重点工作绩效和领导人员实绩进行分析，对领导班子和领导人员在单位重点工作推进过程中发挥作用情况作出评价，具体、深入地了解班子运行情况和领导人员德才表现。对重点工作推进顺利、效果显著的，总结其领导班子和领导人员队伍建设经验；对公司重点工作推进不力、效果不佳的，从领导班子和领导人员队伍建设层面查找不足，分析原因，并督促整改。

1.3 开展领导力调查

以领导力课题研究为重要载体，实时关注组织人事制度改革的难点、舆论热议的焦点、领导人员管理的薄弱点、队伍建设创新点等，有选择性地对其中的普遍性问题进行重点调查、苗头性问题进行超前调查、典型性问题进行深入调查，追溯问题产生的根源和背景，洞悉问题存在的危害和弊端，预测问题发展的走向和趋势，在此基础上，有针对性地提出防止和避免不良现象发展蔓延的方法措施。

1.4 举报反映问题调查

完善干部监督处职能，畅通领导人员问题举报反映渠道。对通过来信来访、网络媒体等渠道收集到的涉组涉干问题，分门别类进行专项调查。对举报反映问题线索清楚、内容具体的，要做到及时受理、认真核实，并向举报人反馈；举报反映问题一经查实，要区分责任，倒查问责；对线索模糊、尚不具备核查条件的，登记在案、存档备查。

专题调查可由组织部负责人或相关处室负责人根据需要提出，并确定专题调查的方式和重点。领导班子思想政治建设调查，应注重保持经常性、常态化；公司重点工作调查，应注重相关领导人员在重点工作中发挥作用情况的系统了解和综合分析。开展领导力调查研究，应注重干部工作中规律性、苗头性、倾向性问题的前瞻性研究和超前性预防；举报反映问题调查，应注重透过现象看本质，在了解事实真相的基础上，找准症结、追根溯源，从政策和机制层面提出应对预案、解决办法及意见建议。

专题调查工作政策性强、关注度高，应本着"客观公正、实事求是、严谨细致、认真负责"的原则，严格按组织人事政策办事、按规章制度办事、按组织程序办事，切实维护组织工作的严肃性。专题调查结束后要形成调查报告，已经对领导班子和领导人员的结论评价，要及时载入组织工作综合信息平台。

2. 成像速写法

采取个别谈话、集体面谈、同类对比、个性特质测评等方式，对领导人员的基础特质、情商特质、领导能力、业务能力、兴趣爱好、作风形象等进行了解，在较短时间内对领导人员作出相对直观的判断。

2.1 自我认知

定期开展领导人员信息及自我评价信息收集，通过领导人员自我描述和个性特质测评，了解本人的基础特质、情商特质和兴趣爱好等，主要是了解本人的工作思路、思维方式、基本素质、个性特点、表达能力和业余爱好等。

2.2 组织认定

通过个别谈话、问卷调查等形式，全面了解领导人员的管理能力和业务水平等，主要了解工作作风、责任意识、业务水平、领导能力、创新能力、工作绩效等等。

2.3 社会评价

通过群众反映、社会评价，了解领导人员的道德品质和作风形象，主要了解自我要求、为人处世、个人品质、群众反映等情况。

组织部门相关考评人员通过对上述信息的收集汇总，开展专业内部"头脑风暴"等形式,对评价内容进行鉴别认定,优化调整,确保评价准确及时。

3. 以事评人法

为更好地了解领导人员实绩,通过对"事"的分析印证对"人"的评价,切实考准考实领导人员,加强深层次专业分析,做到:

第一步,注重事与人的关联度选事。结合领导人员的专业分工,选择领导人员主导、主办或重要参与,反映领导人员工作作风、工作实际能力的两三件大事,以及涉及领导人员本人评价有较大争议的实事实例。

第二步,区分主客观因素的权重比辨事。将事情区分为"创新创造型"、"抢抓机遇型"、"问题倒逼型"、"机缘巧合型"、"顺水推舟型",通过了解"事"缘由、发展、演变、过程、结果等,对事情进行分析、甄别、归类。

第三步,根据人对事的贡献评议。坚持从"实绩"看"德才",通过领导人员在"事"的推进过程中所提出的思路、采取的措施、付出的辛劳、发挥的作用,取得的实绩等进行综合研判,通过对"事"的分析,印证对"人"的评价。

第四步,聚焦能力特质的凸显点评人。通过选事、辨事、评议,对领导人员的现实表现、主要特点和缺点不足等作出实事求是、客观公正的评价。

通过对"事"和"人"的综合评价,实现"考事"到"考人"

的有机转变，让领导人员的每一个重要特征和表现都有实际案例和业绩支撑，确保考评的真实性和可靠性。

4. 要点分析法

着眼于全面、具体、客观地考评领导人员，避免考评结论抽象化、粗泛化，按照"对党忠诚、勇于创新、治企有方、兴企有为、清正廉洁"的要求，按照正反两个角度，从政治素质、工作本领、工作状态、工作业绩、作风形象方面进行规范。

4.1 政治素质的评价要点

（1）政治意识

主要包括理想信念、政治态度、政治立场等情况。

（2）政治修养

政治学习、政治理论水平，坚持党性原则、履行宗旨意识等情况。

（3）大局观念

遵守党规党纪、履行公司职责使命，执行上级决策部署等情况。

4.2 工作本领的评价要点

（1）专业水平

熟悉的工作领域，专业技术水平、专业精神、专业成就等情况。

（2）学习能力

学习意识、自我提升、学用结合、开拓创新等方面的能力。

139

（3）领导能力

工作思路、工作视野，谋划决策、组织协调、处理复杂问题的能力。

4.3 工作状态的评价要点

（1）工作投入

履职的精神状态和专注程度。

（2）工作责任

事业心、主观能动作用和工作积极程度。

（3）坚韧坚守

面对困难挑战的态度、意识和品质。

4.4 工作业绩的评价要点

（1）业绩考核情况

分管工作的业绩指标以及在同业管理对标中的排名。

（2）个人贡献度

对整体工作的参与度和作用发挥情况，个人提出的思路、采取的措施，取得的绩效，以及获得荣誉情况。

（3）潜绩和显绩

分析打基础、利长远工作的投入与抓当前、抓具体的关系。

（4）抓班子带队伍

发现培养和使用人才，调动发挥下属积极性，营造良好的团队氛围等情况。

4.5 作风形象的评价要点

（1）领导人员执行中央和上级廉洁自律有关规定和公司内部

管理制度的情况，自觉遵守领导人员廉洁从业各项规定，遵章守纪、依法办事的情况。

（2）严格自我要求，落实党风廉政"一岗双责"，严格约束亲属和身边工作人员，对外社会交往等情况。

（3）工作作风情况，贯彻落实中央八项规定精神和公司实施细则，求真务实、真抓实干，密切联系群众等情况。

（4）领导人员近年来信访及查实情况。

五、五种考评应用成果

考评成果运用是考评工作的生命力所在。开展考评是手段，对考评结果的科学运用是目的。考评结果有多种表现形式，如工作记实、评价评语、分类排名、确定考评等次等。考评成果运用应该是多方面的、立体化的，用好考评结果有四方面作用：一是导向作用。促进考评对象正确认识自身工作实际情况，自觉把组织目标和要求，作为努力方向和行为准则，在工作中更加奋发作为。二是激励作用。通过对考评对象的奖优罚劣，有效传递压力，促进考评对象发挥潜能，不断激发主动性、积极性和创造性。三是匹配作用。通过考评对领导班子和领导人员个人作出评价，给出领导班子优化建议和领导人员个人职业发展的建议，根据组织要求作出适当调整，更好提高人岗匹配度，从而达到领导班子和领导人员队伍的优化配置。四是约束作用。强化对领导人员的言行约束和履职效能监督，提高依法合规治企的能力水平。

在实际工作中，分别针对考评工作组织者、各级党委（党组）、考评对象这三类对象，编制有针对性的考评结果应用报告和工作手册，以期更好促进考评结果运用。为便于考评工作顺利开展，编制考评工作手册，作为组织人事工作者的考评工具书；为便于国家电网公司各级党委（党组）科学决策，根据考评结果编制《领导班子优化报告》和《领导人员职业发展报告》；为便于考评对象（被考评的领导班子、领导人员）客观认识成绩和不足，编制并向考评对象反馈《领导班子考评情况反馈报告》和《领导人员考评情况反馈报告》。

1. 考评工作手册

面向考评工作的组织者（主要是组织人事工作者），编制考评工作手册，主要包括考评工作的组织、技术手段的实际应用、考评数据的研判处理等方面内容，对考评工作规范化、科学化开展具有指导作用。

1.1 考评工作的组织

考评是一个组织化、系统化的综合过程，要达成科学合理、客观公正的目的，必须对考评进行全流程管控，规范考评程序，减少主观随意性。流程合理与程序正当是考评工作的基本要求，考评工作针对性强、政策性强、时间节点紧凑，民主推荐、民主测评、民意调查、业绩分析等考评线路和相应节点任务有别，但又环环相扣，需要建立起一套制度配套、衔接有序的标准和程序来保证考评前后各项工作的有序衔接，确保考评工作质量。

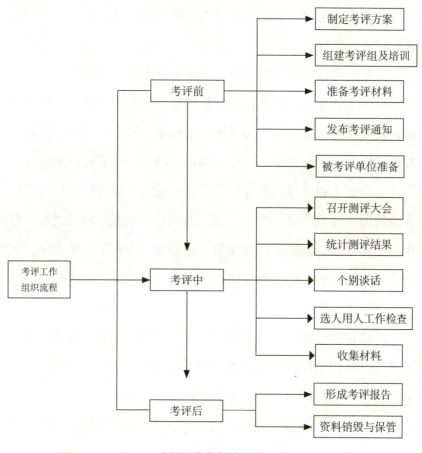

考评工作组织流程图

（1）考评前阶段

一是制定考评方案。明确领导班子和领导人员考评工作目的，确定具体的考评范围、时间安排、工作程序等方面内容。

二是组建考评组及培训。考虑到考评工作的严肃性和专业性，选择政治素质好、纪律意识和原则性强、工作经验丰富的人员组成考评组。对考评组成员开展考评工作培训，针对考评工作手册有关内容学习，确保各考评组准确把握考评任务，明确纪律要求和注意事项。

三是收集材料和被考评单位准备。提前收集了解被考评单位领导班子、领导人员基本情况，汇总整理日常考核评价、年度考评评价等相关信息，为现场考评打下基础。通知被考评单位做好准备工作，强调纪律要求，做好测评票制作、述职材料准备等工作，领导班子和领导人员分别撰写述职报告，内容包括综合考核评价周期内履行职责、作风建设、廉洁自律情况，取得成绩和存在不足以及改进措施等。领导班子述职报告由班子集体审定，领导人员述职报告由主要负责同志审阅。

（2）考评期间

一是召开测评大会。考评组、所在单位领导班子成员、中层领导人员及职工代表参加。考评组说明考评工作，领导班子和领导人员进行情况述职，与会人员进行民主测评。

二是统计测评结果。会议结束后，考评组立即扫描测评票，计算民主测评和民主推荐结果。扫票时注意核对测评票的信息是否填写准确、完整，确保推荐结果统计不出差错。发现问题及时进行更正。妥善保存测评结果数据包，不可保存在被考评单位的电脑或存储设备上。测评票统计后封箱，贴封条签字，测评票不能污损、弯折。

三是个别谈话。准备谈话人员名册和谈话提纲。注意每人谈话时间不要过长，及时关注有思想情绪的谈话人员，加强解释和引导工作，防止"零意见、零评价、零推荐"，相关情况做好详细记录，做到原汁原味。谈话结束后立即统计谈话推荐数据。

四是选人用人工作检查。在现场考评期间，组织开展选人用人工作检查。可采取分工抽查的方式，关注检查的要点，有关问题做好记录。小问题现场直接沟通解决，不需要反映在考评报告中。

五是收集材料。要求各单位在现场考评期间提供：综合考评参会人员情况汇总表、领导人员名册、谈话人员名册、领导班子述职报告、班子成员述职报告、正处级领导人员信息表、近期工作报告（年初、年中报告）。考评结束后分别汇总材料。

（3）考评结束后

一是形成考评报告。按照考评报告模板完善相关信息，形成：综合考评报告、测评分析图、综合考评数据汇总表。

二是资料销毁与保管。各种测评结果电子资料存入指定的内网计算机硬盘，考评过程中各种纸质资料集中保管。各环节工作重点内容及相关说明见下表：

考评各环节工作内容表

工作环节		工作内容及相关说明
现场考评阶段	工作准备	1.邀请地方协管方参加
		2.通知考评单位领导班子成员、二线领导人员、相关大型重点企业主要负责人、本部门副职以上领导人员及所属单位主要负责人、职工代表到公司参加考评
		3.撰写领导班子及个人述职报告，报考评组审核，汇编成册

工作环节		工作内容及相关说明
现场考评阶段	工作准备	4. 提供领导人员名册及相关个人信息。由考评组编码，印制带编码的名册
		5. 印制考评测评票，填写说明、大会测评票
		6. 准备大会主持词
		7. 印制谈话提纲，准备谈话分组名单
		8. 准备大会用的述职发言席、投票箱、储票纸箱及封条
		9. 准备意见箱。箱的正面标明：综合考评公示意见箱，注明公示电话号码，放置在办公楼大厅并加锁，钥匙交考评组保管
		10. 在驻地准备笔记本电脑、打印机、彩色扫描仪、纸张、碎纸机、电源插座、订书器、文件袋等常用办公用品
		11. 准备 7 个谈话室，备电源插线板
		12. 考评组驻地准备会议室
		13. 填写考评有关情况汇总表
		14. 不设欢迎标语、大会标语，不拍照摄像、不宣传报道
		15. 大会着装要求由被考评单位决定，通知考评组
	考评大会	1. 发放测评票填写说明、大会测评票
		2. 发放领导班子及个人述职报告
		3. 发放中层正职以上人员名册
		4. 领导班子见面会，考评组通报考评主要任务
		5. 组织会议签到，可在签到时发放班子和个人述职报告、正处级领导人员名册、测评票、填票说明、个别谈话提纲
		6. 统计大会、谈话等参加人数，召开大会进行民主测评、民主推荐和民主评议，座位安排得分散一些

续表

工作环节		工作内容及相关说明
现场考评阶段		7. 主席台座席包括考评组组长、地方组织部领导、被考评单位党政主要负责人，党务正职主持。议程一般为：宣布会议开始，介绍考评组成员；考评组组长讲话；地方组织部领导讲话；被考评单位行政主要负责人代表班子和本人述职；其他领导人员分别作个人述职报告；主持人组织民主测评。党政主要负责人可在主席台座位上述职，其他领导人员到述职发言席述职
	个别谈话	1. 通知参会的中层正职以上领导人员和办公室、监察部、人事部副职参加个别谈话。外地和急于出差的人员优先安排谈话
		2. 提供本单位正处级领导人员名册（推荐后备参考用）和参加谈话人员名单
		3. 根据考评组要求，组织谈话
	延伸考评	1. 事先确定参加个别谈话的人员范围
		2. 做好个别谈话配合工作
	选人用人检查	1. 提供中层领导人员新选拔任用情况表
		2. 准备领导人员管理相关制度及相关材料备查
		3. 收集整理领导人员选拔任用各个环节的工作记实材料备查
		4. 近两年的研究领导人员任免的党组会议原始记录本、部务会记录本
		5. 根据考评组要求，提供有关领导人员档案备查
考评后	提供材料	1. 近期工作报告
		2. 领导班子最新分工文件
		3. 正处级领导人员信息表
		4. 按照后备领导人员工作安排，提供人选名册、表现材料、基本信息表等材料

1.2 技术手段的实际应用

优化考评方法必须有一整套软硬件新技术作为辅助手段，逐步加大现代信息技术和手段在领导人员考评工作中的应用力度、广度和深度，促进考评工作更加高效，测评结果更加精确。

（1）评价技术

领导人员的有些内隐知识"只可意会，不可言传"，容易造成识别和挖掘的不易。需要基于情景和行为的评价技术进行测评。

一是投射测验。采用某种方法绕过被测者的心理防御，在他们不防备的情况下探测其真实想法。在投射测验中，给被测者一系列的模糊刺激，要求对这些模糊刺激做出反应，从受测者的解释会带有自己潜意识的思想，来达到探测其真实想法的目的。新开发的结构性投射测验，把传统的投射测验和标准的心理测验结合到一起，大大降低了对临床心理学家的依赖，可以直接应用到对趋利性、自控性等的测验中，借以提高对内隐知识的测量。

二是内隐联系测验。内隐联系测验的是反应时间，通过一种计算机化的分类任务来测量两类词（概念词与属性词）之间的自动化联系的紧密程度，继而对个体的内隐态度等内隐社会认知进行测量。当人受到信息刺激时，与其经常链接的观念在反应时间上要快于与其不经常链接的观念。经过多级测试后，可以有效反映人的趋利性、对某些物质事物的态度等。

三是迫选测验。被考评者在两个或是一组陈述中，选择认为最符合的，或者选择最不符合，或者同时作两种选择。由于每组陈述要么都是好的评价，要么都是差的评价，考评者也不知道哪一个评价对被考评者有利或无利，选来选去就把自己的回避、防备淹没其中，测验结果也就能够比较真实。

（2）信息技术

一是网络测评系统。在日常考评和年度考评中，可进行随机性、不定期的民主测评，这就需要应用网络手段，开发远程网络测评系统，使得测评时间安排更加灵活，测评不受场地限制，参评人员范围更广，测评的频度可随需要安排，增强测评的客观性和信息量，使测评结果更为客观真实。

二是投票表决系统。传统测评方式下，有关数据难以实时统计、难于即时分析，一定程度影响了领导人员测评后续步骤开展的针对性和有效性。在民主测评会场应用投票表决系统，实时统计测评结果，有效提高信息处理速度，实现在个别谈话开始前掌握相关测评数据，使谈话做到有的放矢。

三是民主测评系统。采用光标阅读机、高速扫描仪、客户端采集包、计算机网络和手工采集为录入手段，既可将测评终端安装到测评会场，也可将传统的纸质测评表利用相关硬件进行批量采集，还可将网络测评数据进行录入，设定考评流程、测评项目、测评人身份以及在汇总中的权重，以多种统计学分析方法和用户自定义统计为基础进行分析。民主测评系统使得测评实现自动化和网络化，增强民主测评公信力。

1.3 考评数据的研判处理

考评数据的分析处理是影响考评科学性的重要一环。收集来的考评数据应该是多维度的，要以测评数据为基础，还要结合领导班子和领导人员客观属性信息，包括能力、性格、品行等。可以利用一些更有信度、效度标准的工具，方方面面的资料都收集，最后取用哪些可以再考量。比如现在描述性格的内、外向等，应当再量化、细化，达到能够画像的标准。通过对考评数据的研判处理，发挥辅助各级党委（党组）决策，促进被考评者发现问题、改进提升的作用。

（1）多维度收集数据

努力收集和分析尽可能多的数据，让所有分析研判指标都有数据支撑。在信息上强调全面性和广泛性，避免信息片面或遗漏造成的判别误差。以日常管理为基础，通过时间回溯和空间扩展，明确日常、历史、协同等三类数据，建立稳定高效的数据源和传递通道，以此作为分析研判的基础支撑。

一是日常管理数据。日常数据是指人事部门对领导班子调配和领导人员选用、培养、考核、监督等信息，是评价的主要依据。对领导班子来讲，主要包含正副职任现职时间、班子成员年龄段分布、党政主要领导年龄、班子正副职配置、专业测评排名、正职对副职评价得分、政治素质、团结协作、作风形象测评得分等。对领导人员来讲，主要包含个人道德作风测评得分、胜任力测评得分、学历学位、技术资格、分管专业、年龄、现职岗位、交流状态等。对后备人员来讲，主要包括学历学位、技术资格、绩效排名、荣誉表彰、民主推荐率、现职岗位等。人事部门以真实客观为前提，既参考个人提交原始资料，也基于科学分析筛选，对日常数据进行收集、整理，并借助管理信息系统储存、积累，不断完善日常数据库。

二是历史表现数据。以分析研判工作开展时间为界，在这个时间之前，领导班子履职情况和领导人员表现情况均为历史数据，它是趋势研判和改进管理工作的重要依据。对领导班子来讲，主要包括各年度业绩排名，以往的结构配备、交流比例和正副职任职时长，集体荣誉、重大决策等。对领导人员来讲，主要包括历年道德作风测评得分、胜任能力测评得分和绩效考核得分，学历学位、技术资格变化情况，岗位变化情况、任职时间等。对后备人员来讲，主要包括历年后备状态、学历学位、技术资格变化情况，各年度业绩考核排名、奖惩情况，岗位变化情况和任职时间等。人事部门按照定量为主、定性为辅的原则将相关档案、报表、资料文档等一一数据化处理，为分析研判建立了历史数据库。

三是专业协同管理数据。协同数据是现状评价的重要参照，也是对日常管理的补充完善。对领导班子来讲，主要包含办公室提供的舆情管控情况、财务部门提供的财务执行情况、安监部提供的生产安全情况、营销部提供的优质服务情况、监察部门提供的廉政风险情况等。对领导人员来讲，主要包含所属专业管理部门提供的个人贡献度、优秀成果及廉政情况等。对后备人员来讲，主要包含所属单位或部门提供的个人履职表现、工作业绩和潜力评价等。人事部门借助各专业条口信息管理系统，如人力资源信息管理系统、绩效看板、运营监测平台等，打通接口，互联共享，实现对协同数据的及时掌握，确保日常数据更加全面、完善。

（2）研判问题，应用提升

通过分析研判得到的结果，结合实际工作需要，将研判结论应用在指导班子搭配和选用、培养、监督工作上。

一是提升班子搭配的合理性。针对班子结构不合理的问题，通过"老中青"搭配，优化年龄结构。通过传统业务与新兴专业搭配，优化专业结构。通过交流领导人员与本地领导人员搭配，优化任职结构。针对班子运转不顺畅的问题，通过思想沟通，清除班子成员隔阂。通过系统通报，督促专业领域改进。通过工作评比，促使管控力度加大。通过优化成员性格气质搭配，形成团结协作氛围。针对班子业绩不佳的问题，通过反馈考核结果，进行谈话提醒，督促班子提升业绩。通过批评指正，整肃班子风气。通过岗位交流，加强班子专业帮扶。通过找准症结，帮助班子解决问题。

二是提升选用的精准性。根据研判等级，综合考虑个性因素和专业方向，发挥组织把关作用，采取针对性措施，实现精准选用。对领导人员综合评价为"优秀"，可提拔使用；评价为"良好"，进行重点培养；评价为"称职"，保持工作活力；评价为"不胜任"，采取转岗或退出等措施。对后备综合排名前40%的，具备成熟使用条件；前40%—80%的，需要继续关注培养；后20%的，视后续表现滚动调整。同时，把握好几个选用原则，落实"德才兼备、以德为先"的用人标准，对德不达标的采取"一票否决"制。坚持构建科学梯队，坚持用经历丰富、长期在复杂环境、基层一线工作的实干型领导人员，树立正确导向，传播优秀品质，为企业发展夯实基础。

三是提升培养的针对性。通过分析研判，将培养关口前移，实现对领导人员的针对培养。注重关键胜任力提升，对某项关键胜任能力低于平均水平的领导人员，制定针对性培训方案，帮助提升实际工作能力。有计划安排领导人员到重点项目、关键岗位、前沿领域进行锻炼，提升专业能力和领导水平。注重岗位经历锻炼，对绩效表现良好、岗位经历单一的领导人员，开展跨单位、跨专业交流任职，不断丰富岗位经历。注重基本素质提升，对学历和技术资格不满足岗位要求的领导人员，鼓励其加强职后继续教育，不断提高文化修养和学术水平。

四是提升监督的前瞻性。通过分析研判，及早发现苗头性、倾向性问题，及时纠正，实现超前监督。完善综合监督网络，通过协同数据收集，建立健全人事部门、办公室、纪委监察、审计财务、安监、外联，以及各专业部门的及时沟通、信息共享、整体联动的工作机制。加强日常监督分析，重视纪检案件、来信来访、审计等线索的分析研判，及时掌握领导班子和领导人员在安全生产、依法经营、党风廉政、信访稳定及专业管理中的重要情况。根据班子和工作状态，人事部门主动与其谈心谈话，防止小毛病演化成大问题。深化监督结果应用，根据分析研判中存在的共性问题，定期开展专项监督审查，防止问题蔓延传播。对分析研判中排名靠后的领导人员，深入了解具体情况、分析原因，通过书面提醒等方式促进其完善提升。对掌握的线索清晰情况，主动调查核实，对问题确凿的领导班子和领导人员，强化执纪问责，落实提醒、函询、诫勉制度，健全免职、降职、降级制度。

2. 领导班子优化报告

2.1 报告作用

领导班子优化报告旨在对考评查找出的各单位在结构组成、运行质态、工作业绩等方面存在的问题进行系统梳理和归纳总结，并结合各单位业务特质和文化特征，有针对性地提出相应班子的优化建议，帮助班子解决问题，从而不断提升领导班子搭配的合理性，提升班子整体工作合力和效力。

2.2 基本要素

领导班子优化报告主要包括三大要素。

（1）报告导语

导语部分主要介绍报告数据的来源和考评的整体情况，体现出报告的科学性与客观性，展现领导班子考评整体概览。通过阅读导语部分，应能快速了解领导班子考评结果，对领导班子整体情况形成初步认识和把握。

（2）.考评情况

考评情况是领导班子优化报告的主体部分，主要反映领导班子各指标的考评情况，可以从以下 2 个维度 8 个方面进行考评描述。

1）结构组成：年龄结构、专业结构、任职结构、气质结构、履历结构、渊源结构

年龄结构：班子成员年龄分布（40 岁以下、41—45 岁、46—50 岁、51—55 岁，55 岁以上）是否呈梯次配备，评价领导班子成长是否具有持续性。

专业结构：按照不同的专业职责，从主要业务领域分析熟悉掌握主营业务的班子成员分布是否合理，评价领导班子的整体专业实力。

任职结构：班子成员任现职年限（2年以下、2—5年、5年以上）、任同职级年限（5年以下、5—10年、10年以上）、任下一职级年限（5年以下、5—10年、10年以上），是否呈橄榄型结构，评价领导班子整体素质的可持续性。

气质结构：班子成员特别是党政正职气质搭配是否合理；决策型、执行型、参谋型领导的分布搭配是否合理。

履历结构：领导人员个人与岗位的专业素质适应性，评价领导班子整体管理能力；领导个人与"一把手"的风格相容性，评价领导班子的整体凝聚力；在适当保持连续性的前提下，注重班子成员来源单位、专业的多样性，评价领导班子的整体互补性。

渊源结构：班子成员的籍贯、成长地分布及班子成员学习经历、工作经历、亲友关系等渊源的交叉性、多样性。

以上6个方面分别在80—100分、60—80分、60分以下的分值区间内进行量化赋分。60—80分设置为合理区间值，班子考评指标超过或低于合理区间值的，进入班子建设预警状态。

2）工作业绩：业绩考核、同业对标

业绩考核：以前3年单位业绩考核平均排名为基准，评价本年度单位业绩考核排名变动情况。

同业对标：以前3年单位同业对标平均排名为基准，评价本年度单位同业对标排名变动情况。

以上两个方面，基准分均为100分，排名每提升10%，加5

分；每下降 10%，扣 5 分。

(3) 结论建议

结论建议是领导班子优化报告的关键部分，是对领导班子运行状态的判定，以及对领导班子调整的意见建议。根据考评情况，结合各单位特色，针对性提出领导班子调整优化建议，打造结构合理、运转顺畅、业绩优秀的领导班子。

2.3 报告示例

XX 公司领导班子优化报告

根据对 XX 公司领导班子成员的年龄分析、专业分析、履历分析和单位业绩分析，形成对领导班子的客观评价。13 个领导班子中，发现需优化调整的有 6 个。

XX 公司领导班子优化报告如下：

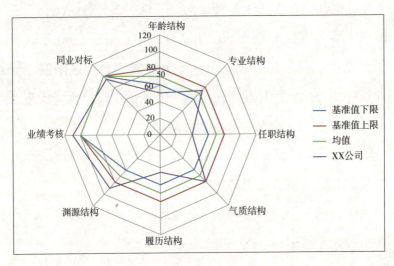

指标得分雷达图

	年龄结构	专业结构	任职结构	气质结构	履历结构	渊源结构	业绩考核	同业对标
基准值下限	60	60	60	60	60	60	90	90
基准值上限	80	80	80	80	80	80	100	100
均值	70	70	70	70	70	70	90	90
XX 公司	35	70	75	80	45	90	110	80

领导班子成员信息表

序号	姓名	现任职务	性别	籍贯	熟悉专业	出生年月	任职时间	正处时间	副处时间
1	张XX	总经理、党委副书记	男	XX	营销	1972.06	2016.01	2010.12	2007.12
2	李XX	党委书记、副总经理	男	XX	党建	1963.09	2015.12	2011.06	2006.03
3	王XX	党委委员	男	XX	科信	1966.11	2014.05	—	2013.12
4	赵XX	副总经理	男	XX	生产	1962.05	2013.12	—	2008.04
5	宋XX	工会主席	男	XX	综合	1974.03	2012.04		2012.04

调整优化建议表

维度	指标	结论	调整优化建议
结构组成	年龄结构	班子平均年龄 50 周岁，整体年龄偏大，老中青年龄搭配不够均衡，50—55 周岁年龄段成员偏多，无 40 周岁以下成员	加强 40 周岁以下年轻干部配备
	专业结构	班子成员专业丰富，搭配合理	无
	任职结构	班子成员任职年限呈橄榄型结构分布，较为合理	无
	气质结构	党政正职气质搭配较为合理	无

续表

维度	指标	结论	调整优化建议
结构组成	履历结构	根据民主测评、个别谈话、调研访谈及平时考核了解到的情况，发现赵 XX 与张 XX 的风格不相适应	赵 XX 任职年限较长，考虑进行岗位交流；同时由省公司对影响班子团结的具体成员进行书面反馈提醒
	渊源结构	班子成员来源地域分散，学习经历、工作经历、亲友关系等渊源结构存在较大的多样性	建议适度减少渊源结构多样性，增强整体合力
工作业绩	业绩考核	业绩考核排名提升 2 名	继续保持
	同业对标	同业对标排名下降 1 名	XX 公司正职和分管相关专业副职认真分析同业对标指标下降原因，加强工作的前瞻性和计划性，有针对性地改善落后指标工作现状。赵 XX 同志在生产专业排名中倒数，建议谈话提醒赵 XX 同志改进工作

3. 领导人员职业发展报告

3.1 报告作用

领导人员职业发展报告，是以考评结果为依据，客观分析领导人员综合水平，结合领导人员年龄、任职时间等个性因素，根据一定的评判规则，充分发挥组织把关作用，提出针对性使用和培养建议，形成有理有据、科学实用的领导人员职业发展建议，为精准选用干部、培养干部提供客观依据，为公司发展夯实干部人才基础。

3.2 基本要素

领导人员职业发展报告主要包括三大要素。

（1）报告导语

导语部分主要介绍报告数据的来源和考评的整体情况，体现出报告的科学性与客观性，展现领导人员考评整体概览。通过阅读导语部分，应能快速了解领导人员考评结果，对参与考评的领导人员队伍素质整体情况形成初步认识和把握。

（2）考评情况

考评情况是领导人员职业发展报告的主体部分，是对领导人员个人的"360度画像"，主要反映领导人员各指标的考评情况，可以从以下3个维度8个方面展开"画像"。

1）基础特质：年龄区间、职级区间、性格底色

年龄区间：根据领导人员所处年龄段，划分为活力期（40周岁及以下）、活跃期（40—45周岁）、成熟期（45—50周岁）和沉稳期（50周岁以上）四个年龄区间。领导正职和领导副职年龄划分段可区别对待。

职级区间：根据领导人员新任职级时长，划分为适应期（新任职级2年及以内）、成长期（新任职级2—4年）、成熟期（新任职级4—6年）和稳定期（新任职级大于6年）四个职级区间。

性格底色：根据领导人员性格特质，划分为开放型、协作型和中性三种类型。

2) 任职经历：岗位历练、任职时长、交流时长

岗位历练：领导人员跨单位和跨专业经历情况，一般经历多于 6 个的，视为经历丰富；4—6 个的，视为经历适中；少于 4 个的，视为经历单一。

任职时长：领导人员现任岗位时长，一般现任岗位时间少于 3 年的，视为不宜交流；3—6 年的，视为适宜交流；大于 6 年的，视为亟待交流。

交流时长：领导人员异地交流时长，一般大于 6 年的，可以结束异地交流。

3) 履职绩效：业绩评价、特殊贡献

业绩评价：参考综合考评、专项考核等结果，对领导人员的工作思路、工作投入、工作绩效等作出较为全面的综合性分析。将考评结果划分为优秀（专业排名前 20%）、良好（专业排名 20%—50%）、称职（专业排名 50%—90%）和不胜任（专业排名后 10%）四个等级。

特殊贡献：领导人员在创新发展、优质服务、社会责任、品牌建设等方面作出的特殊贡献情况。

(3) 结论建议

结论建议是领导人员职业发展报告的关键部分，是对领导人员个性特质的综合画像，以及对领导人员使用和培养的意见建议，为领导人员职业生涯发展指明方向。根据考评情况，结合公司实际工作需要，给出提拔任用、重点培养、保持活力、激发活力、转岗或退出等意见建议。评判规则参照下页表。

领导人员职业发展建议评判规则表　　　（样例）

序号	基础特质		任职经历		履职绩效	结论建议	备注
	年龄区间	职级区间	岗位历练	任职交流	综合考评		
1	活力期 /活跃期 /成熟期	成长期 /成熟期 /稳定期	经历适中 /经历丰富	适宜交流 /亟待交流	优秀	可提拔使用	选用、调任过程中，应综合考虑领导人员个性特质与岗位、与领导班子其他成员的搭配
2	活力期 /活跃期 /成熟期	适应期	—	—	优秀 /良好	重点培养（因任职时间较短，后期考虑调任更重要的岗位）	
3	活力期 /活跃期 /成熟期	—	经历单一	适宜交流 /亟待交流	优秀 /良好	重点培养（因经历单一，加强跨单位、跨专业岗位历练）	
4	活力期 /活跃期 /成熟期	—	—	不宜交流	优秀 /良好	重点培养（因任职时间较短，后期考虑调任更重要的岗位）	
5	活力期 /活跃期 /成熟期	成长期 /成熟期 /稳定期	经历适中 /经历丰富	适宜交流 /亟待交流	良好	重点培养（考虑调任更重要的岗位）	
6	沉稳期	—	—	—	优秀 /良好	保持活力（年龄已进入沉稳期，重点关注如何继续发挥领导人员的特长和价值）	

续表

序号	基础特质		任职经历		履职绩效 综合考评	结论建议	备注
	年龄区间	职级区间	岗位历练	任职交流			
7	—	—	—	适宜交流/亟待交流	称职	激发活力（因任职时间较长，考虑调整岗位，加强岗位历练，以进一步激发活力）	选用、调任过程中，应综合考虑领导人员个性特质与岗位、与领导班子其他成员的搭配
8	—	—	—	不宜交流	称职	激发活力（任职时间较短，保持现状的基础上重点关注如何激发领导人员的动力和活力，提升绩效水平）	
9	—	—	—	—	不胜任	根据实际情况考虑转岗或退出	

3.3 报告示例

XX 公司领导人员职业发展报告

根据对 XX 公司领导的简历查阅、实情问询、事件分析、面谈沟通、专业测评和业绩评价，形成对领导人员的客观评价。300 名领导人员中，发现可提拔使用的 38 人，需重点培养的 104 人，要保持活力的 8 人，待激发活力的 120 人，可转岗或退出的 30 人。

XX 公司副总经理张三同志职业发展报告如下。

XX 公司副总经理张三同志职业发展报告表 （样例）

姓名	张三	性别	男	出生年月（岁）	1975.12（43 岁）	照片
民族	汉族	籍贯	江苏句容	政治面貌	中共党员	
职级	副处级	职级时间	2015.03	上岗时间	2015.03	
专业技术资格	高级工程师			职业技能	无	
学历学位	全日制教育	本科学士	毕业院校及专业	南京工程学院，电力系统及其自动化		
	在职教育	硕士	毕业院校及专业	南京大学，工商管理专业硕士		
现任职务	XX 公司副总经理					

考评情况	一、基础特质					

一、基础特质

年龄区间	职级区间	性格底色
活跃期	成长期	协作型
43 岁	3 年	注重沟通合作

二、任职经历

岗位历练		任职时长	交流时长
经历适中		适宜交流	非异地交流干部
跨单位：南京公司、本部 跨专业：营销、生产		3 年	

三、履职绩效

业绩评价	特殊贡献
优秀	突出
98 分，专业排名 3/20，前 15%	本单位开展的外联品牌工作，获得省部级奖项

结论建议	张三同志综合能力优秀，可提拔使用

4.领导班子考评情况反馈报告

4.1 考评反馈的作用和主要内容

通过在考评中开展个别谈话、查阅有关资料、听取述职报告、进行业绩分析，总结归纳被考评单位领导班子整体情况，既肯定成绩、鼓舞激励士气，也客观指出不足和改进方向。

一是客观评价并肯定成绩。对领导班子在政治素质、团结协作、经营业绩、作风形象等方面的情况进行客观评价，肯定领导集体在单位发展中的作用和业绩亮点，鼓舞领导班子和干部队伍的士气，继续发扬班子运行中好的作风和成绩。

二是指出不足和改进建议。对所在单位面临的形势进行客观分析，帮助领导班子集体认清改革发展形势和公司存在的问题，对考评数据进行量化计算、分类排名，让领导班子明确在同一类型单位中所处位置，提出针对性改进建议。同时，结合考评中开展的选人用人工作检查情况，对选人用人工作进行客观评价，指出存在问题，明确努力方向。

4.2 领导班子考评反馈报告示例

领导班子综合考核反馈报告

国网 XX 省电力公司党委：

按照国家电网公司党组部署，XXXX 年 XX 月 XX 日国网组织部组成考核组，对你单位领导班子和领导人员进行了综合考核，对领导班子后备人员进行了民主推荐，对选人用人工作进行了检查。有关情况反馈如下。

一、领导班子情况

（一）班子总体评价

领导班子大局意识好，执行力强，能够坚决贯彻落实国家电网公司党组决策部署。党政主要负责人配合默契、作风民主、讲求程序，善于统一思想、合理授权，带动班子共同奋斗。班子副职分工明确，能够围绕整体战略创造性开展工作。班子内部沟通顺畅，相互补台，形成了较强的领导合力。争先、领先、率先意识强，发展思路清晰，严谨务实，大胆创新，推动重大领先型项目建设，工作业绩突出。班子成员能够以身作则，敬业奉献，树立了良好的作风形象。

（二）业绩亮点

经营管理水平持续提升。优化"三集五大"体系，完善"五位一体"协同机制，精益化管理路径初步确立。利润总额保持国网第 XX，同业对标在国家电网公司取得 XX。

坚强智能电网加快推进。特高压工程加快推进，XX 工程取得重要突破，XX 示范工程取得可研批复；XX 工程具备核准条件；全面启动 XX 建设。

服务保障能力显著提高。连续 XX 年开展优质服务主题活动，连续 XX 年发布服务地方经济社会发展白皮书。建立完善 XX 客户服务互动平台和大营销"一体化"管控平台，率先在全国实现"多表合一"远程集采集抄，供电质量稳居全国第XX。圆满完成 XX 等重大保电任务，客户满意率保持在99%以上。

"三个建设"全面加强。"十大"专业领军人才总数、专业覆盖面和各专业前十名人数均居国网系统前列。打造 XX 等企业文化特色品牌，公司党委被党中央表彰为"全国先进基层党组织"。

（三）干部员工反映的主要不足

1. 对电力体制改革的应对策略不明确。目前 XX 公司在电改方面已面临很多问题和压力，班子对电力体制改革也做了具体研究，但仍处在被动灭火状态，有效的办法不够多。

2. 到基层调研不够。班子忙于思考发展、应对改革，对基层也强调执行，调研深度、广度不够，对基层一线工作实际状态和员工思想动态掌握不够充分。

（四）公司发展面临的形势和问题

1. 地方对供电要求高。XX 省经济体量大，用电负荷高，对电网安全运行和优质供电要求高。尤其是特高压线路和站点布点多，建设任务重，大电网安全运行压力大。

2. 不同区域电网基础差异较大。同一省份不同区域地方经济发展差距较大，电网物质基础和管理基础都存在较大差异。XX 区域的电网建设、运营和服务水平相对落后。

二、选人用人检查情况

两年来，共分 XX 个批次调整领导人员 XX 人次，提拔 XX 人，其中领导人员正职 XX 人，副职 XX 人。从个别谈话和工作检查情况看，领导人员选拔任用工作基础扎实、工作规范，得到干部员工的认可。需要改进的工作：个别领导人员档案归档材料不够规范。

三、整改要求

1. 请你单位于反馈后 15 日内，根据反馈意见，尤其是针对干部员工反映的主要问题和不足，制定领导班子整改落实方案，明确整改内容、整改措施和整改期限（一般 2 个月内完成整改任务），报国网组织部，并作为领导班子民主生活会的重要内容。

2. 领导班子成员根据反馈意见，明确改进提升方向，作为领导班子民主生活会个人发言的重要内容。

3. 反馈后 2 个月内，被考核单位将整改落实情况报国网组织部。

希望你单位继续发扬成绩，认真分析问题，全面改进提升，争取在建设具有卓越竞争力的世界一流能源互联网企业的进程中取得新的更大成绩！

附件：

XX 公司领导班子综合考核情况表

一、领导班子综合评分

序号	考核项目	得分
一	政治素质 20 分	
二	经营业绩 15 分	
三	团结协作 15 分	
四	作风形象 20 分	
五	2014、2015 年度业绩考核结果折算值 30 分	
合计	（100 分）	

二、领导班子大会测评情况（折合百分制）

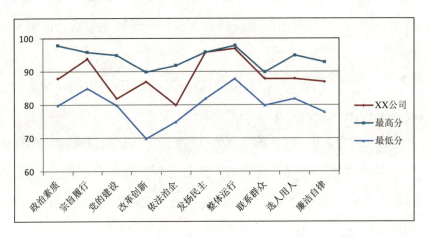

领导班子考核测评图

5. 领导人员考评情况反馈报告

5.1 考评反馈的作用和主要内容

与领导班子考评反馈报告要发挥的作用一致，对领导人员的考评反馈，着眼点也是对领导人员个人进行客观准确评价，肯定成绩，及时发现问题解决问题。

对领导人员的评价要体现个人特点、岗位特色，避免"千人一面"，准确为领导人员"画像"，要运用综合测评、定量考核与定性评价、分析研判等方式，对照国企领导人员20字要求，重点对领导人员的业务水平、领导能力、作风形象、重要业绩等情况进行综合评价。其中：对领导人员业务水平的评价要突出擅长专业领域，要点包括政策理论水平、专业知识水平、专业技术技能水平、专业管理熟悉程度、公司主要业务了解程度等；对领导能力的评价要突出能力强项，要点包括分析决策能力、沟通协调能力、统筹推进能力、开拓创新能力、驾驭全局能力等；对作风形象的评价要突出个性特点，要点包括政治敏锐性、大局观、执行力、民主意识、责任心与担当意识、廉洁自律；对重要业绩评价要点包括年度重点工作、基础工作、创新工作完成情况，以及取得的主要成效。

领导人员考评反馈的重点是对个人存在问题的反馈，在大量深入谈话了解的基础上，考评组重点要对领导人员存在问题和改进方向的定性描述进行会商，问题尽量客观公正、准确，要言之有物、找准写实，以便于被反馈的领导人员能够正确理解，真正做到奖勤罚懒、激励先进、鞭策后进。向各单位主要负责人反馈领导班子和领导人员的综合考评情况，分别向领导班子其他成员反馈领导班子和本人的综合考评情况。

5.2 领导班子考评反馈报告示例

领导人员个人考评反馈材料

姓　名：XXX

职　务：XXX

一、总体评价

1. 政治敏锐性强，积极关注省公司发展动向，善于把握和领悟省公司的工作思路和意图，能够结合 XX 实际贯彻落实好省公司各项决策部署；大局意识好，敢于放手，充分尊重和听取副职的意见，规则意识强，注重规范管理，善于营造民主氛围。

2. 具有较强的政治理论水平和业务能力，宏观把控能力较强，考虑问题有战略眼光，着眼长远，思路清晰；开拓创新能力较强，积极进取，勇于争先，工作重点突出，注重闭环管理，能迅速打开工作局面，管理和业绩指标得到较大提升。

3. 为人谦和，亲和力强；工作认真勤恳，作风务实，善于听取基层的意见建议，能较好地兼顾原则性和灵活性，在处理矛盾和历史遗留问题时不推不拖，担当意识强。

主要不足和改进建议：

进一步深入调查研究，加强对 XX 专业的调研指导。

二、领导人员民主测评统计表（反馈主要负责人）

（1）优秀称职率统计

评价姓名	现任职务	优秀 称职率（%）	优秀率（%）
张 XX	董事长、党委书记		
李 XX	董事、总经理、党委副书记		
王 XX	党委副书记、副总经理、党委委员		
张 XX	副总经理、党委委员		
……	……		

（2）综合评分统计

评价 姓名	现任职务	政治素质	贯彻执行	科学决策	学习创新	统筹协调	发扬民主	履职绩效	选人用人	作风形象	清正廉洁	综合评分
正职	总经理、党委副书记	10	10	10	9	10	9	10	9	10	10	97
正职	党委书记、副总经理	10	10	9	8	10	9	10	10	10	10	96
副职1	……	10	8	8	9	10	10	9	9	10	8	91

续表

评价\ 姓名	现任职务	政治素质	贯彻执行	科学决策	学习创新	统筹协调	发扬民主	履职绩效	选人用人	作风形象	清正廉洁	综合评分
副职2	……	9	9	8	8	8	8	7	9	9	9	84
副职3	……	7	8	7	9	7	9	9	8	8	10	82
副职4	……	9	7	7	6	6	8	9	6	9	10	77
平均分	……	8.75	8	7.5	8	7.75	8.75	8.5	8	9	9.25	83.5

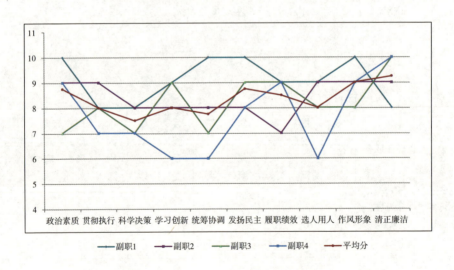

三、领导人员民主测评统计表（反馈副职）

领导人员个人考核反馈材料（副职）

姓 名	XXX	
职 务	XX公司副总经理、党委委员	
一、优秀称职率情况		
优秀称职率（%）	优秀率（%）	优秀率排序
二、综合测评情况		

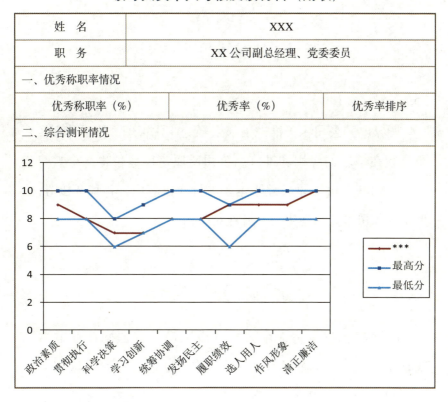

第四章
考评创新及实践应用

国家电网公司积极推进干部人事专业化管理,注重管理实践和经验在基层的应用和推广。公司所属基层单位也结合自身实际,对国网公司领导层考评体系进行深化应用,各种考核方法、理念在公司系统落地生根,开花结果。

一、构建分析研判机制推动科学考评

国网江苏省电力有限公司(以下简称"国网江苏电力")现辖 13 个市、51 个县(市)公司及 20 余家科研、检修、施工等单位,服务江苏省 4000 多万电力客户,现有职工 7.9 万余人。拥有 35 千伏及以上变电站 2990 余座、输电线路 8.7 万公里,电网规模超过英国、意大利等国家,电压合格率、电网抵御风险能力达到国际先进水平。国网江苏电力连续四年囊括国家电网公司同业对标"综合标杆"、"业绩标杆"、"管理标杆"3 项第一,连续六年获得国家电网公司企业负责人业绩考核 A 级第一名。2017 年,完成售电量 4931 亿千瓦时,最高用电负荷达到 10219 万千瓦，成为国网系统首家负荷突破 1 亿千瓦的省级电网，完成固定资产投资 467 亿元，实现营业收入 2987 亿元，利润 80 亿元，资产总额 2906 亿元，固定资产原值 5018 亿元。

国网江苏电力领导人员分析研判机制的建设，主要是围绕企业党委管理的"领导班子、领导人员、后备人员"三类对象，通过分层分类量化评价指标、拓展"日常、历史、协同"三类数据源、创新采用"四结合"工作方法、深化研判结果多层次应用，切实提升领导人员考评工作的科学化水平，为领导班子搭配和领导人员选用、培养、监督提供有效支撑，打造一支坚强的领导人员队伍，有力支撑了国网江苏电力在国家电网系统持续排头领跑。

领导人员分析研判机制建立框架图

175

1. 分层分类的量化指标

国网江苏电力根据队伍建设客观规律，把领导班子作为建设核心，领导人员作为中坚力量，后备人员作为梯队补充，明确了领导班子、领导人员和后备人员三类研判对象。综合考虑三类对象的岗位职责和胜任模型，确定评价维度和关键指标，设计赋分方法，建立分层分类的评价指标体系，实现评价的量化展示，共包括 10 个维度 31 项量化指标。领导班子重在分析结构、过程、实绩和趋势，领导人员重在分析能力、作风、业绩和个性，后备人员重在分析基本素质、能效表现和成熟度。

（1）领导班子评价指标

针对评价领导班子最常见的 3 个问题：班子结构是否合理、运转是否顺畅、工作业绩如何，确定从结构、过程、实绩 3 个维度对领导班子进行研判。通过 3 个维度 10 项指标对领导班子进行现状统计分析，形成横截面数据。结构研判维度设立任职结构、年龄结构、专业结构 3 个二级指标，重点研判班子成员的任职时间和交流比例是否合理、年龄梯次是否科学、专业配置是否齐全以及专业是否胜任。过程研判维度建立安全稳定、和谐运转、重点工作 3 个二级指标，重点考察班子的执行力及对公司整体工作的推进是否有力、主要领导及班子成员间配合的默契程度以及班子对重点工作的把控能力。实绩研判维度选定政治素质、团队协作、作风形象和经营业绩 4 个二级指标，主要考察领导班子讲政治、顾大局的情况，依法治企、廉洁自律情况以及工作业绩情况。将结构、过程、实绩 3 个维度的研判结果与之前年度的研判结果进行趋势比较分析，形成时间序列数据，判别领导班子配置是否更加合理、管控是否更加有效、业绩是否更加出色，从而提出领导班子调整优化建议，打造结构合理、运转顺畅、业绩优秀的领导班子。

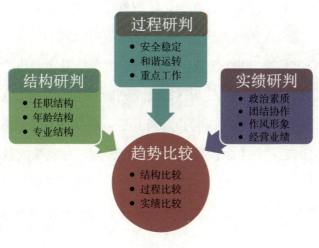

领导班子评价指标构成图

（2）领导人员评价指标

《党政领导干部选拔任用工作条例》一直强调要全面考察领导人员的德、能、勤、绩、廉。国网江苏电力在遵循上级工作条例的前提下，从公司干部管理实际需求和可操作性、实用性角度出发，设计了"德、才、绩＋个性因素"4 个维度 13 项指标，对领导人员进行全面客观的评价分析。"德"主要指作风形象，正职领导包括政治素质、发扬民主、作风形象、清正廉洁 4 个二级指标；副职领导包括政治素质、团结配合、作风形象、清正廉洁 4 个二级指标。"才"主要指胜任能力，正职领导包括科学决策、贯彻执行、学习创新、统筹协调、选人用人5个二级指标；副职领导包括业务水平、推动执行、学习创新、管理协调、队伍建设5个二级指标。"绩"主要指履职绩效，取领导人员前三年年度绩效考核平均分。"个性因素"包括任职资格、岗位历练、职业区间3个二级定性指标。其中，任职资格主要评判领导人员的学历学位、技术资格是否达标；岗位历练重点研判领导人员的单位和专业经历是否丰富；职业区间从领导人员所处年龄段判断其工作活力高低，从领导人员新任职时长判断其个人职业生涯所处区间，从领导人员任职交流时长判断其是否需要交流。最终，通过"德、才、绩+个性因素"4个维度的研判，对领导人员的思想政治素质、组织领导能力、工作作风、工作实绩和廉洁自律等方面形成全面判断，并结合领导人员的个性因素给出提拔选用、重

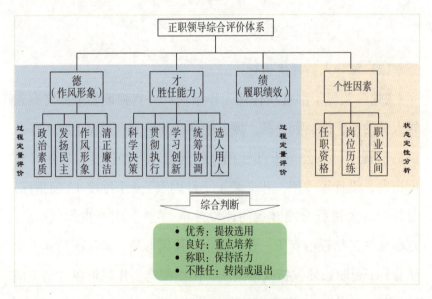

领导人员（正职）评价指标构成图

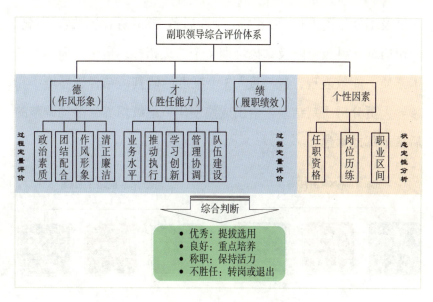

点培养、保持活力、转岗或退出的综合判断。

（3）后备干部评价指标

后备干部是领导干部的有效补充和支撑，对后备干部的评价重点在于考察其能力素质是否足够优秀、是否已足够成熟担任更高级别的领导职务。因此，国网江苏电力设计了"基本素质、能效表现、成熟度" 3 个维度 7 项（副职后备为 8 项）指标对后备干部进行系统科学的评价分析。基本素质维度包含学历学位和技术资格 2 个二级指标，主要反映后备干部受教育程度、专业技术资格水平等基本素质情况。能效表现维度包含履职绩效和个人荣誉 2 个二级指标，重点考察后备干部年度绩效得分、排名情况及获得上级表彰、专家人才聘任情况。成熟度维度所含指标根据后备层级有所不同。其中，正职后备干部包括民主推荐情况、岗位历练及副处年限 3 个二级指标；副职后备干部包括民主推荐情况、岗位历练、科级年限及党校培训 4 个二级指标。最终，通过"基本素质、能效表现、成熟度"3 个维度的研判，结合领导班子和领导人员分析研判结果，给出成熟使用、继续培养、滚动调整的后备干部推荐建议。

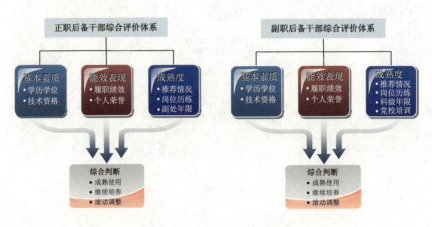

后备干部综合评价指标构成图

2. 涵盖全面的"大数据"源

努力收集和分析尽可能多的数据，让所有指标都有数据支撑，是开展好研判的基础。国网江苏电力充分运用现代信息化技术手段，以日常管理为基础，通过时间回溯和空间扩展，挖掘日常、历史、协同三类数据，建立起稳定高效的"大数据"信息源和传递通道。

（1）日常管理数据

日常管理数据是指干部人事部门对领导班子调配和领导人员

选用、培养、考核、监督等的信息，是对干部进行评价的主要依据。对领导班子来讲，主要包含正副职任现职时间、班子成员年龄段分布、党政主要领导年龄、班子正副职配置、专业测评排名、正职对副职评价得分，政治素质、团结协作、作风形象测评得分等。对领导人员来讲，主要包含个人道德作风测评得分、胜任力测评得分、学历学位、技术资格、分管专业、年龄、现职岗位、交流状态等。对后备干部来讲，主要包括学历学位、技术资格、绩效排名、荣誉表彰、民主推荐率、现职岗位等。人事部门以真实客观为前提，既参考干部个人提交的原始资料，也基于科学分析筛选，对日常数据进行收集、整理，并借助干部管理信息系统储存、积累，不断完善日常数据库。

（2）历史表现数据

以分析研判工作开展时间为界，在这个时间之前，领导班子履职情况和领导人员表现情况均为历史数据，它是干部趋势研判和改进干部管理工作的重要依据。对领导班子来讲，主要包括各年度业绩排名，以往的结构配备、交流比例和正副职任职时长，集体荣誉、重大决策等。对领导人员来讲，主要包括历年道德作风测评得分、胜任能力测评得分和绩效考核得分，学位学历、技术资格变化情况，岗位变化情况、任职时间等。对后备干部来讲，主要包括历年后备状态、学历学位、技术资格变化情况，各年度业绩考核排名、奖惩情况，岗位变化情况和任职时间等。人事部门按照定量为主、定性为辅的原则将相关档案、报表、资料文档等一一数据化处理，为分析研判建立了历史数据库。

（3）专业协同管理数据

专业协同数据是在国网江苏电力本部 22 个专业部门管理下，涵盖"三集五大"核心专业的领导人员经营管理数据，它是干部现状评价的重要参照，也是对日常管理的补充完善。对领导班子来讲，主要包含办公室提供的舆情管控情况、财务部门提供的财务执行情况、安监部门提供的生产安全情况、营销部门提供的优质服务情况、监察部门提供的廉政风险情况等。对领导人员来讲，主要包含所属专业管理部门提供的个人贡献度、优秀成果及廉政情况等。对后备干部来讲，主要包含所属单位或部门提供的个人履职表现、工作业绩和潜力评价等。人事部门借助各专业条口信息管理系统，如人力资源信息管理系统、绩效看板、运营监测平台等，打通接口，互联共享，实现对协同数据的及时掌握，确保日常数据更加全面、完善。

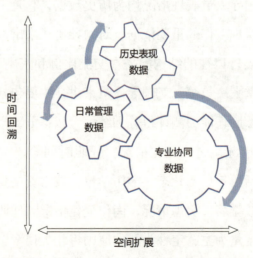

领导人员分析研判"大数据"源示意图

3. 创新采用多种分析方法

综合采用多种分析方法能够保证研判的科学性和合理性。国网江苏电力综合了人才测评、绩效管理、信息技术等多种理论基础，构建了定量评价与定性分析相结合、传统考评与现代测评相结合、发扬民主与组织把关相结合、平时考核与长期考察相结合的"四结合"分析方法体系，确保数据来源真实可靠、指标分析深入全面、结果应用公平公正。

（1）坚持定量评价与定性分析相结合

一是对评价指标进行量化赋分。运用科学的数学模型及方法，采用条件赋分、比较赋分、换算赋分三种方式，对评价指标进行量化赋分，提高分析研判的科学性、客观性和说服力。二是对量化结果赋予定性结论。一般人往往对定量分析报告中的大量数据会一头雾水，不愿深究数字背后的真正含义。因此，有必要对量化结果进行分级，转换成"优秀、良好、一般、较差"等类型的定性结论，直接呈现出简单易懂的研判结论，提升研判结论的可视性。

（2）坚持传统考评与现代测评相结合

一是综合运用传统考评方式。通过履历分析、问卷调查、谈心谈话、调研巡视等传统考评方式，对领导人员的年龄、学历、职称、岗位历练等基本素质形成一个较为全面、清晰的认识，奠定分析研判的基础。二是积极引入现代测评技术。主要包括360度测评、关键绩效指标法、评价中心技术等，进一步增强分析研判方法的多元性和科学性。

（3）坚持发扬民主与组织把关相结合

一是坚持发扬民主这一干部工作的基本方向。多渠道、全方位收集掌握群众对领导班子、领导人员以及后备干部的评价、意见和建议，是分析研判工作中发扬民主的具体形式。国网江苏电力多年来结合年度综合考评工作，对基层单位班子和干部开展360度测评、进行民意调查、接受群众监督。二是坚持党管干部这一干部工作的根本原则。在分析研判工作中，党组织必须发挥好领导把关作用，采取科学的手段对民意进行调查分析，确保接受的民意都有章可循、合情合理、真实可靠，最终实现研判结论既充分发扬民主，又不违背组织原则。

（4）坚持平时考核与长期考察相结合

一是完善平时考核机制。构建上下互评机制，开展季考年

领导人员分析研判"四个结合"方法体系示意图

评，实行巡视考察等多种渠道的考核。通过多渠道、立体化的信息收集方式，了解领导人员的具体情况和真实想法，将干部队伍分析研判融入常态化工作，确保信息的及时性和准确性。二是健全长期考察机制。建立历年考察信息档案库、班子及干部考察信息档案库，落实工作责任终身负责制等多项机制，注重对领导班子、领导人员后备干部长期、一贯表现的考察。

4. 指导实际的结果应用

将研判结论应用在指导班子搭配和领导人员的选用、培养、监督工作上，才能真正实现分析研判的价值。在班子科学搭配方面，针对性制定优化班子年龄、专业、任职结构的具体措施，促进整体功能的优化。在领导人员职业发展和后备人员使用方面，根据每位领导人员和后备人员的研判等级，综合考虑其个性因素和专业方向，明确具体的提拔使用、重点培养、保持活力、转岗或退出的对象；针对研判发现的弱项，综合采用关键胜任能力提升、岗位历练、基本素质提升等方法加强培养；针对研判发现的苗头性、倾向性问题，及时对有关人员进行提醒、函询、诫勉或谈心谈话，实现超前监督。

国网江苏电力创新构建的领导人员分析研判机制，推动了干部管理工作由传统经验管理向科学管理转变，为干部的选用提供了依据、培养指明了方向、监督提供了指导。分析研判机制为更准确评价领导人员提供了更加全面量化的数据支撑，机制运行以来选人用人满意度提高 1.8 个百分点，组织人事管理更加科学。

通过对分析研判结果的定期分析，不断优化队伍年龄、专业、素质结构，80后处级领导人员实现了省市县三级覆盖。根据研判结果设计针对性课程，强化专业素养，组织209人次开展挂职锻炼、东西帮扶，丰富岗位经历，队伍素质显著增强。根据研判结果对业绩不佳、表现较差的干部开展诫勉谈话13人次，及时调配运转不畅、业绩下滑的领导班子6个，各级领导班子和领导人员干事创业的活力大幅增强。

二、健全日常监管机制，实施干部"微问题"监督

国网四川省电力公司（以下简称"国网四川电力"）是国家电网公司在川设立的全资子公司，是四川境内最主要的电网规划、建设、运营和电力供应企业。公司现有全资二级单位36个，上市及控（参）股公司6家，管辖县级供电企业152家，全口径用工人数10.34万人，供电面积44.66万平方公里，供电人口7915万人。2017年底，公司资产总额达到1624.89亿元，售电量1770.57亿千瓦时。

国网四川电力借鉴国内外企业相关经验，通过细化行为准则、建立"微问题"负面清单、搭建日常监督预警平台等做法，积极在干部监督工作中寻求突破。

1. 制定《合规行为准则》

系统解析"对党忠诚、勇于创新、治企有方、兴企有为、清

正廉洁"20字要求，结合公司领导人员实际履职特征，细化形成以下5个方面共20项《合规行为准则》：

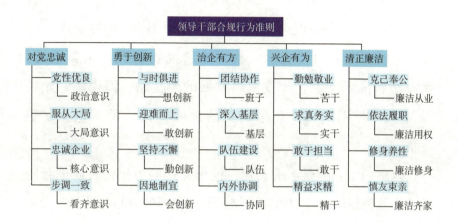

对党忠诚：党性优良、服从大局、忠诚企业、步调一致

党性优良：就是要心中有党，坚定理想信念，坚持党对企业的领导，坚决贯彻党中央的决策部署。做政治上的明白人，有坚定的政治立场、政治敏感性和鉴别力；做信念上的守护人，有崇高的为电力事业奉献终身的理想信念和为广大电力客户做好优质服务的宗旨意识。

服从大局：围绕公司党组织，以改革创新精神主动承担公司发展责任，处理好局部与全局、个体与整体的关系，推动电力事业科学发展。

忠诚企业：对事业绝对忠诚，以维护公司利益、实现公司战略为己任，引导广大干部员工兢兢业业干工作，实实在在创业绩，齐心协力谋发展。

步调一致：始终做贯彻落实国网公司党组决策部署的表率，自觉践行国网公司的核心价值观和企业精神，把各方积极性调动到公司的统一步调和伟大实践上来。

勇于创新：与时俱进、迎难而上、坚持不懈、因地制宜

与时俱进：用新观念、新思维研究新情况，用新举措、新办法解决新问题，改变束缚发展的老套路、旧做法，始终保持一种时不我待、只争朝夕的拼搏精神，紧抓企业发展良机。

迎难而上：摒弃不求有功、但求无过的思想，直面创新困难，排除创新阻力，以敢闯敢试、敢想敢干的信心和勇气，大胆创新，努力超越，引领企业跨越式发展。

坚持不懈：以学习知识、总结经验、研究政策、探索方法为手段，坚持在思想上不断有新突破、理论上不断有新认识、工作上不断有新举措、实践上不断有新成果。

因地制宜：将创新根植于电力事业发展的土壤中，理解创新内涵，结合企业实际，将创新工作与企业战略和发展路径结合起来，不断探索具有应用和推广价值的创新成果。

治企有方：团结协作、深入基层、队伍建设、内外协调

团结协作：建立分工合理、配合密切、制衡有序、运转高效的高水平、强凝聚力的领导班子团队。

深入基层：遵循"四不两直"要求，主动到基层广泛开展体验学习、听取基层单位意见，解决基层实际问题，将员工积极性和创造性调动到推动企业发展上。

队伍建设：善当伯乐，甘为人梯，不仅自己带头干，还要调动大家积极性一起干，注重培养人锻炼人造就人，做到既出成绩又出人才，既使单位建设上台阶，又能够形成人尽其才、人才辈出的生动局面。

内外协调：强化协调意识，掌握沟通方法，积极主动通过内外协调解决问题、消除隔阂，为推动企业各项工作和促进企业高效运转创造良好的条件和环境。

兴企有为：勤勉敬业、求真务实、敢于担当、精益求精

勤勉敬业：保持艰苦奋斗精神，以强烈事业心责任感钻研业务知识，学习和掌握管理要领，脚踏实地谋求供电事业发展。

求真务实：在工作中严格要求自己不讲假话、大话和空话，以实事求是的态度来工作，把心思用在干事创业上，集中精力抓好落实，确保各项措施落实到位、抓出成绩，其出发点在"使实劲，真干事"，落脚点在"干成事"。

敢于担当：能够扛得起大事要事，不畏惧各种困难，急难险重面前不逃避、危急关头不退步、逆境面前不悲观，矛盾面前不绕道。

精益求精：把认真、仔细、严谨的作风贯穿于各项工作，以"工匠精神"补短板、破难点、强整体，提高发展质量，实现管理效率和经济效益双提升。

清正廉洁：克己奉公、依法履职、修身养性、慎友束亲

克己奉公：树立正确道德观与职业观，筑牢思想防线，弘扬

奉献精神，克己慎行、一心为公。

依法履职：牢固树立依法治企的理念，运用法治思维和方式，时刻提醒"手莫伸"，切忌触摸"高压线"，严格按政策原则办事，深化改革、推动发展。

修身养性：陶冶情操，保持健康的生活情趣，选择正确的个人爱好。做到遇事冷静，从容淡定，心胸豁达，严以律己，言行有度，举止规范。

慎友束亲：把好亲情关、交友关、小节关，不让私欲抬头，避免卷入名利陷阱，严格要求自己，加强对身边人、亲属和家人的教育、提醒及约束。

《合规行为准则》坚持正面倡导，涵盖公司干部履职各个方面，将20字要求细化为干部能看得见、摸得着的具体标准。

2. 建立"微问题"负面清单

对应20项《合规行为准则》，反向梳理干部工作、生活中容易出现的负面言行，形成百条"微问题"负面清单。

"微问题"负面清单罗列的行为，本身并不违纪违法，属于"微而难辨"、"小而难察"、"轻而难究"的问题，但若不及时提醒纠正，往往会演变为"大问题"、"大错误"。将常见的负面言行以清单方式一一列出，提醒干部有则改之、无则加勉，有助于消除监督管理的灰色地带，使清单犹如一面"窗前镜"，时刻提醒干部注意言行举止。

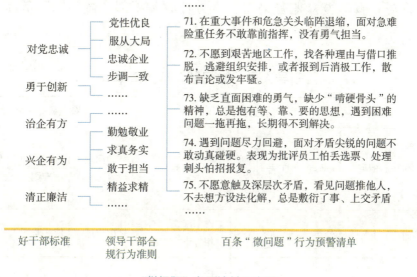

		......
对党忠诚	党性优良 服从大局 忠诚企业 步调一致	71. 在重大事件和危急关头临阵退缩，面对急难险重任务不敢靠前指挥，没有勇气担当。
勇于创新	......	72. 不愿到艰苦地区工作，找各种理由与借口推脱，逃避组织安排，或者报到后消极工作，散布言论或发牢骚。
治企有方	......	73. 缺乏直面困难的勇气，缺少"啃硬骨头"的精神，总是抱有等、靠、要的思想，遇到困难问题一拖再拖，长期得不到解决。
兴企有为	勤勉敬业 求真务实 敢于担当 精益求精	74. 遇到问题尽力回避，面对矛盾尖锐的问题不敢动真碰硬。表现为批评员工怕丢选票、处理刺头怕招报复。
清正廉洁	......	75. 不愿意触及深层次矛盾，看见问题推他人，不去想方设法化解，总是敷衍了事、上交矛盾 ......

好干部标准	领导干部合规行为准则	百条"微问题"行为预警清单

"微问题"负面清单示意图

"微问题"负面清单逆向查找"病因"，全面分析"病理"，探究带有共性问题的因果关系。通过深入分析发现，领导人员出问题往往都是从小节细节失守等"微问题"开始。加强对"微问题"的监督，可以从机制上防止干部他律意识的缺失和精神上的麻痹懈怠。通过领导人员"微问题"预警清单实施，时时监督预警，对依法加强干部监督管理，提醒干部保持谨小慎微、规矩行事的良好作风，有着较好的现实意义。

3. 搭建监督预警平台

3.1 "微问题"信息收集

建立各监督主体联动机制，整合干部考评、工作评比、巡视巡察、信访举报等多方面信息，开设"微问题"微信公众号，畅通群众监督渠道，全方位收集干部"微问题"负面行为。

领导人员"微问题"行为清单

序号	信息来源	事件信息内容					信息转化内容		
		时间	地点	工号	干部姓名	事件	"微问题"行为	合规行为准则	好干部标准
1	监察部	5月5日	公司	spc005	xxx	工作不配合，不提供相应审批文件	打擦边球	依法履职	勤政务实
2	测评	5月7日	公司	spc006	xxx	只作业绩相关和上级看得见的工作	选择执行	真抓实干	勤政务实
3	测评	5月7日	公司	spc007	xxx	对待布置的工作敷衍了事	敷衍执行	真抓实干	勤政务实
4	信访	5月7日	棋牌室	spc002	xxx	与供应商彻夜玩牌	爱好不健康	行为正派	清正廉洁
5	测评	5月7日	公司	spc022	xxx	下级出现问题，不及时帮助	不关心员工解决问题	依法履职	勤政务实
6	测评	5月12日	公司	spc023	xxx	处理问题时，先谈难处，后执行	不思进取	积极进取	敢于担当

3.2 "微问题"信息分析

构建后端数据库，设置数据勾稽关系、预警条件，实现"微问题"信息自动统计、分级预警。

同时，还可通过数据综合交叉分析，进行各种特征聚类分析，提高对重点区域、重点方向的监督力度。

序号	信息来源	事件信息内容					信息转化内容		
		时间	地点	工号	干部姓名	事件	"微问题"行为	合规行为准则	好干部标准
1	监察部	5月5日	公司	spc005	萧合墨	工作不配合，不提供相应审批文件	打擦边球	依法履职	清正廉洁
2	测评	5月7日	公司	spc006	阮婷	只做业绩相关和上级督看见的工作	选择执行	真抓实干	勤政务实
3	测评	5月7日	公司	spc007	孙芳	对待布置的工作敷衍了事	敷衍执行	真抓实干	勤政务实
4	信访	5月7日	棋牌室	spc002	柳辰飞	与供应商彻夜玩牌	沉迷爱好	修身养性	清正廉洁
5	测评	5月12日	公司	spc022	秦永支	下级出现问题，不及时帮助	不关心员工、解决问题	关爱员工	为民服务
6	测评	5月12日	公司	spc023	李念儿	处理问题时、先请示后执行	和稀泥讲套	勤于担当	

数据库对应平台数据

工号	姓名	职务	"微问题"数量	"微问题"类型数量	预警分级	信念坚定				为民服务				勤政务实				敢于担当				清正廉洁			
						党性优良	服从大局	忠诚企业	步调一致	团结协作	以客为尊	深入基层	关爱员工	勤勉敬业	求真务实	真抓实干	精品求精	积极进取	敢抓敢管	开拓创新	勤学善管	克己奉公	依法履职	修身养性	慎友束亲
单位1																									
spc001	XXX	XXX	0	0	0	0	0	0	0	0	0	0	0	0	0	0	0	0	0	0	0	0	0	0	0
spc002	柳辰飞	XXX	3	1		0	0	0	0	0	0	0	0	0	0	0	0	0	0	0	0	0	3	0
spc003	XXX	XXX	0	0	0	0	0	0	0	0	0	0	0	0	0	0	0	0	0	0	0	0	0	0	0
spc004	慕容冲	XXX	4	2		0	0	0	0	0	0	0	0	0	0	0	0	0	1	0	0	0	1	1
spc005	萧合凤	XXX	0	0	0	0	0	0	0	0	0	0	0	0	0	0	0	0	0	0	0	0	0	0	0
spc006	阮婷	XXX				0	0	0	0	0	0	0	1	0	0	0	0	0	0	0	0	0	0	0
spc007	孙芳	XXX	4	4	3	0	0	0	0	0	0	0	0	1	1	0	1	0	0	0	0	0	0	0
spc008	XXX	XXX	0	0	0																				
spc009	XXX	XXX	0	0	0																				
spc010	XXX	XXX	0	0	0																				
单位2																									
spc011	XXX	XXX																							

数据统计与预警显示区

数据库平台前后端转化勾稽关系设计示意图

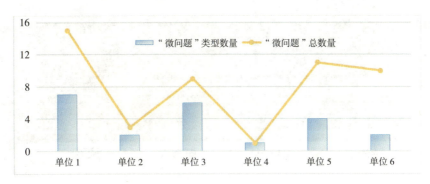

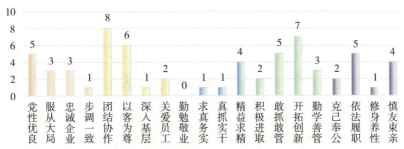

"微问题"预警分析示意图

3.3 "微问题"预警反馈

按照设置的预警阈值标准，实施四级预警处置策略。按照程度由轻到重依次为绿色关爱卡、蓝色提示卡、黄色自查卡、红色预警卡。

针对单一偶发型与单一习惯型问题，需介入关爱提醒，分别发放绿色关爱卡与蓝色提示卡，让干部知晓行为偏差，提请自我约束；针对"微问题"类型较多的风险累积型和风险演变型问题，发放黄色自查卡与红色预警卡，警示纠正"微问题"，防止进一步演变。

"微问题"预警处置策略

"微问题"日常监督管理将习近平总书记20字要求创造性地在电网企业进行了落地实践。《合规行为准则》正面倡导、重在立德；"微问题"清单负面约束、重在立规；预警平台日常提醒、重在及时，在加强干部监督管理方面发挥出较大作用：一是贯彻落实国有企业好干部标准。结合企业自身实际，创新研究干部日常监督管理模式，剑指庸政、懒政、惰政，努力根除干部苗头问题病原体，真正实现公司把好干部选出来、用起来。二是发挥"硬约束"和"软保护"作用。引入"合规管理"和"底线思维"理念，建立的准则和清单，一正一反、正面倡导与负面约束相互配套，促使干部对比反思，倒逼干部作风转变。从关爱保护干部角度出发，防止干部的小毛病演变为大问题。三是发挥干部日常监督风险预控作用。机制的落地应用有效整合了干部日常监督多种方式，进一步拓宽和畅通了干部监督渠道，有利于干部管理部门全方位、多角度了解情况，对选拔任用真正的好干部、预防干部任用风险具有现实意义。

三、年度综合考评差异化研究

国网河南省电力公司（以下简称"国网河南电力"）是国家电网公司的全资子公司，肩负着为河南省经济社会发展提供可靠电力保障的重要任务。截至 2017 年底，共有直属单位 37 家，县级供电企业 110 家，用工总量 14.9 万人。

为深入落实全面从严治党和从严管理干部要求，国网河南电力自 2016 年起，研究制定综合考评体系，开始对基层单位实施年度综合考核。经过近两年的探索研究和工作实践，构建起公司层面统一的考评体系，为全面、客观、科学评价各单位工作实绩提供了有效手段和实施载体。

1.主要做法

1.1 建立科学系统的考核指标

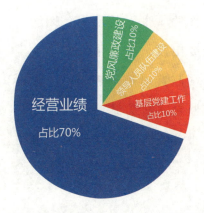

年度综合考核指标体系及权重示意图

经营业绩三维量化评分示意图

根据中央关于全面从严治党系列部署要求以及国网公司党建绩效考核有关精神，国网河南电力在认真总结以往年度考核实践经验的基础上，有效融合业绩考核和党建绩效考核内容，创新制定年度综合考评办法，将考核内容在公司层面分成经营业绩和党建工作绩效两大部分。其中党建绩效指标由基层党建工作、领导人员队伍建设、党风廉政建设三部分组成；经营业绩指标由关键业绩指标、减项指标、同业对标等部分组成，并实行"与目标比、与历史比、与标杆比"三维量化评分。其中，"与目标比"维度是根据各单位指标目标完成程度进行加减分，"与历史比"维度是根据同比增长情况进行加分，"与标杆比"维度是根据排名情况进行加分，切实发挥"激励先进、鼓励进步"

导向作用。

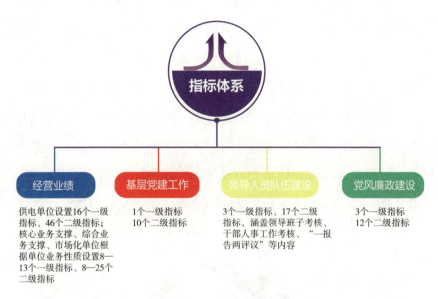

年度综合考核指标体系设置

年度综合考核工作流程图

1.2 采用高效协同的考评方式

创新采用"线上考核＋现场考核"相结合方式开展年度综合

考评。一方面，精心设计研发涵盖权限管理、计划管理、指标管理、测评统计、汇总分析、结果反馈等六大核心功能板块的综合考核管理信息系统，由各基层单位上传佐证材料，本部门对照考核指标和评分标准进行线上评分，全面去除"凭印象"打分环节，确保了硬性指标实事求是、软性指标公平合理。另一方面，组建现场考核工作组，由公司领导班子成员分别带队，以大会述职、民主测评、个别谈话、实地走访、座谈交流等方式对各单位进行考核，并把现场考评结果与在线考核结果相互结合、对比印证，最终形成各单位考评意见，确保了"一把尺子"量到底。

高效协同考评方式示意图

1.3 深化考评的结果应用

根据基层单位年度考核得分，按照供电公司、核心业务支撑、综合业务支撑、市场化单位四个类别进行 ABCD 等级排序（A 级单位不超过 25%，C、D 级单位不少于 15%，其余为 B 级单位），对考核结果进行分析研判并提交党委会议研究，撰写班子和个人考评材料和反馈材料，对其进行"一对一、背靠背"反馈。

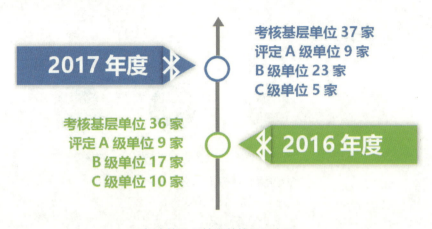

考核基层单位 37 家
评定 A 级单位 9 家
B 级单位 23 家
C 级单位 5 家

2017 年度

考核基层单位 36 家
评定 A 级单位 9 家
B 级单位 17 家
C 级单位 10 家

2016 年度

年度综合考核定效结果示意图

　　严格按照考核结果兑现企业负责人薪酬，将考核得分、定级情况与单位职工工资总额挂钩，作为基层单位和领导人员评优评先、领导班子优化调整、干部选拔任用的重要参考。同时，对发现问题、测评结果偏低、起伏较大的单位领导班子和个人采取约谈、提醒谈话、诫勉谈话等措施。

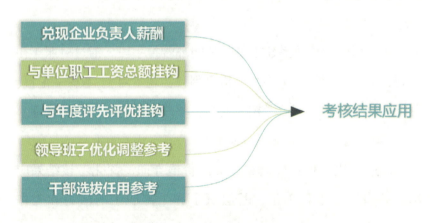

兑现企业负责人薪酬
与单位职工工资总额挂钩
与年度评先评优挂钩
领导班子优化调整参考
干部选拔任用参考

考核结果应用

年度综合考核结果应用示意图

2. 取得的成效

形成了	突出了	实现了	强化了
公司层面有机统一的考核体系	国企党建工作地位	公司层面闭环管控	考核激励导向作用

年度综合考核工作成效示意图

2.1 形成了公司层面有机统一的考核体系

通过有效整合原有考核内容，建立公司层面统一的考核体系，进一步提高了考核工作质量和效率，全面增强了考核的统一性、全面性和权威性。

2.2 突出了国企党建工作地位

年度综合考核体系有力地将党建工作与公司中心工作深度融合，有利于通过落实党的方针政策来把准企业发展方向，成为推进企业党建工作的有效载体和重要抓手。

2.3 实现了公司层面闭环管控

年度综合考核体系建设是一项闭环管控手段，通过对照年初计划，坚持开展综合考核与分析研判，实现了对上"考核—汇报、分析—改进"和对下"考核—反馈、整改—回访"双闭环管理。

2.4 强化了考核激励导向作用

通过优化考核指标设置，突出价值导向，深化考核结果应用，有力激发了各单位、基层班子和干部职工的活力和工作热情，增强了公司决策部署的穿透力，提升了基层单位的执

01 重点任务→专项任务

02 业绩指标→同业对标

03 典型事件加分→突出贡献奖励

04 班子运转→队伍建设

05 党组织战斗堡垒作用→党员先锋模范作用

06 党风廉政建设→两个责任落实

晾晒兑现

年度综合考核涵盖内容示意图

行力。

近两年来，通过有效实施年度综合考核，从年度重点工作到专项任务，从业绩指标到同业对标，从典型事件加分到突出贡献奖励，从班子运转到队伍建设，从党组织战斗堡垒作用到党员先锋模范作用，从党风廉政建设到两个责任落实，全部实现"阳光"下晾晒和结果兑现，国网河南电力各级干部职工队伍呈现心齐、气正、劲足的良好精神风貌，表现出了服务大局、敢于担当的境界追求，时不我待、干事创业的进取精神，务实创业、推进发展的综合素养，以身作则、团结奉献的优良作风，一系列长期制约公司、电网发展的体制机制矛盾和"瓶颈"难题取得标志性突破，国网河南电力和电网发展站在了一个崭新的起点、迈上了一个广阔的平台，全面开启了本质提升的新征程。

四、"三维一体"考核新模式破解干部有效激励难题

湖北电力工业历史悠久，始于 1893 年。国网湖北省电力公司（以下简称"国网湖北电力"）是国家电网全资子公司，公司电网是三峡外送的起点、西电东送的通道、南北互供的枢纽、全国联网的中心。拥有 31 家直属单位，直供直管县级供电企业 83 个。2017 年，全省全社会用电量 1869 亿千瓦时，其中公司售电量为 1508.03 亿千瓦时，公司用电客户 2387.56 万户。

近年来，国网湖北电力围绕干部科学考评作了一系列积极探索，形成了"六力"考评等有效成果。但是，考核方法精准性不高、针对性不强、考核结果应用激励性不够等问题还不同程度存在。为进一步增强考核的精准性，充分发挥考核的正向激励作用，国网湖北电力成立专项课题组，以分类考核、精准评价为重点，探索开展了"三维一体"考核模式研究实践。

1. 体系设计

"三维一体"考核模式主要包括三个方面内容：科学分类、确定维度和一体化评价。

1.1 对企业领导班子和领导人员进行科学分类

对企业领导班子而言，其所在单位在业务属性、管理职责、工作对象及内容等方面存在不同程度的差异；对企业领导人员而言，既存在正职、副职之分，也存在专业战线之分。如果不作考核分类，无法体现针对性和有效性，但如果分类过细，又让考核

操作难度过大、成本过高，不利于考核结果的对比和统筹应用。

"三维一体"考核分类示意图

　　将领导班子分为供电单位、业务支撑机构、集体企业等五个类别；将领导人员按照专业战线进行区分，正职分为总经理、党委书记，副职则分为生产、营销、基建、纪委书记、工会主席等

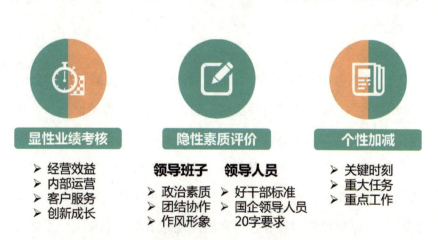

"三维一体"考核重点

类别。通过科学分类，更容易对同一类别领导班子和领导人员进行横向比较，从而有针对性地采取措施，帮助考核对象找到提升和努力的方向。

领导班子考核框架

考核方式 考核对象	潜绩60%		显绩40%		加减分项	
	内容	方法	内容	方法	内容	方法
供电单位 业务支撑机构 集体企业	政治素质 团结协作 作风形象	360度 评价法	经营效益 内部运营 客户服务 创新成长	平衡记分卡	对单位的 加减分项	关键事件法

领导人员考核框架

考核方式 考核对象	潜绩60%		显绩40%		加减分项	
	内容	方法	内容	方法	内容	方法
总经理 营销副总 生产副总 基建副总 多经副总 综合副总 党委书记 纪委书记 工会主席	好干部标准和国企领导人员20字要求	360度 评价法	经营效益 内部运营 客户服务 创新成长	平衡记分卡	对个人的 加减分项	关键事件法

"三维一体"考核框架

1.2 合理确定考评的三个维度

为保证考核的客观性、系统性和全面性，根据管理学上的"冰山理论"，确立了"显性业绩、隐性素质、个性特征"三个维度的考核重点。其中显性业绩包括经营效益、内部管理、客户服务、创新成长等考核要素及指标；隐性素质根据领导班子和领导人员的单位岗位特点有所区分，领导班子突出体现政治素质、团结协作、作风形象，领导人员突出体现好干部标准和国企领导人员20字要求；个性特征主要根据关键时刻、重大任务、重点工作中的现实表现等进行加减分。通过建立三个维度的考核指标库，把"一时"和"一贯"结合起来，更有利于历史地、全面地、辩证地评价领导班子和领导人员。

1.3 运用三种手段实现一体化评价

在确定考核分类和考核要素的基础上，通过"平衡计分卡法"、"360度反馈评价法"、"关键事件法"三种手段来开展一体化评价。一是对显性业绩，用"平衡计分卡法"进行考核。对领导班子，根据不同单位类别合理确定四个考核指标权重；对领导人员，根据其岗位分工，从四个要素的指标库中选择相应指标，实现分类考核。二是对隐性素质，用"360度反馈评价法"进行考核。由考核对象的上级、同级、下级对照考核要素，进行定性评价，同时提请考核对象开展自评。三是对个性特征，用"关键事件法"进行考核。根据领导班子和领导人员在关键时刻、重大任务、重点工作中的思想行为、态度作风、成果贡献等情况，进行加减分。

2. 实施方法

为保证"三维一体"考评模式有效落地，坚持"三个结合"具体推进考评工作。

2.1 坚持"纵横"结合，注重分类评价、共性比较。在考评时，既注重上下级的纵向评价，又注重同级的横向评价；既注重和其他干部的横向比较，又注重与干部一贯表现的纵向比较。

2.2 坚持"主辅"结合，平衡岗位权重、差异分类。一方面，根据主营业务和非主营业务，合理区分考核指标。另一方面，在对干部进行考评时，既评价其主要岗位的工作表现和业绩，也通过一定权重，评价其兼任岗位的业绩表现。特别是在全面从严治党新形势下，更加注重对党委委员履行党建、廉政建设"一岗双责"情况的考核。

2.3 坚持"定动"结合，突出日常管理、精准评价。建立平时考核、年度考核、综合考核"三位一体"的考评机制，既抓好定期考核，又注重日常管理、动态评价，切实提高考评的准确性。

国网湖北电力以所属宜昌供电公司为试点单位，对"三维一体"考核模式进行了实践运用。通过试点运作，取得了三个方面的成效：

一是聚焦精准，考核数据更直观。通过对"显性业绩、隐性素质、个性特征"的全面考核，领导班子和领导人员各方面特质都以数据形式直观呈现，既勾勒出了"轮廓"，又雕琢出了"五官"，更加有利于考核结果综合应用。

二是全面覆盖，考评结果更客观。通过分类考核，基本做到了考核对象、考评要素及考评主体的全覆盖，考评结果更加客观公平，也更能令人信服。

三是科学应用，选人用人更准确。通过分类考核，既能准确评价一名干部在不同专业上的能力素质，又能得出相同专业不同干部的得分排名，便于更好地统筹整个干部队伍资源，促进依事择人、人岗相宜，实现"专业人干专业事"。2017 年，宜昌供电公司在分类考核的基础上，为每名科级干部建立"特征标签"库，组织进行"专业推荐"，顺利完成了生产、营销等专业的干部空缺补员。

五、基于大数据思维的领导人员考评系统研究

国网新疆电力有限公司（以下简称"国网新疆电力"）是国家电网有限公司全资子公司，以建设经营新疆电网为核心业务，承担着保证疆内供电、疆电外送和接纳新能源的三大任务，履行着政治、经济和社会三大责任。公司下设 14 个地市级供电公司、80 个县级供电公司和 10 家直属单位，管理各类员工 3 万多人，服务电力客户 800 多万户。2017 年，完成售电量 877 亿千瓦时，外送电量 435 亿千瓦时。

国网新疆电力坚持改革创新、管用易行的原则，积极主动探索实践基于大数据思维的干部考评系统研究，为打造一支政治过硬、业务精湛、忠诚干净担当的高素质专业化干部队伍提供专业支撑。

1. 突出政治标准，健全干部考评指标体系

贯彻全面从严治党要求，落实新时期好干部标准，修订完善体现干部队伍建设方向的考评指标体系。测评围绕政治素质、纪律规矩、工作作风、道德品质、清正廉洁、责任担当、工作业

绩、团结协作、管理协调、学习创新 10 个方面，重点考评领导人员在政治忠诚、政治定力、政治担当、政治能力、政治自律方面的表现。谈话考察坚持"三必谈、七必问"，用事实实例反映干部客观表现。探索使用 PDP（Professional Pyna-Metric Programs，意为：行为特质动态衡量系统）现代测评技术，诊断领导者内隐特质，与个性特点、管理风格的考察相互补充印证，提高考评的精准度。

2. 构建干部考评系统，开发网络测评

干部考评系统以 WEB 应用的方式部署在内网或局域网中，根据领导班子和领导干部综合考核评价细则制定评价模板，构建测评模板库，针对评价对象灵活配置，实现 360 度全方位量化、精准评价。各单位管理员对本单位测评所需基础信息进行统一维护管理。网络测评通过手机号码实现身份验证，以随机二维码获得登录验证码的方式，对测评人员进行识别确认的同时，实现匿名评价。系统可实现对考核模板、考核指标的灵活定义、配置及测评计划管理，在设定时段内，测评人员通过个人办公电脑登录系统，完成在线测评。系统根据用户需求形成多维度定制化报表，自动生成测评结果、测评报告及整体排名，并提供测评结果的对比分析，以多主题多形式呈现。

3. 完善综合分析研判机制，努力考准考实

建立以年度考核与平时考核相结合、定量评价与定性分析相

结合的评价研判方式，将网络测评结果与现场考评相互印证、补充。坚持知事识人，组织本部业务部门、基层单位对分管干部进行业绩评价和综合评价，考量履职能效，拓宽和积累对干部考评的幅度与深度，不断提高考评结果的客观性与精准度。

多维评价干部，画实画像

4.运用互联网大数据思维，实现干部评价多维度、可视化分析

4.1 联机分析。通过后台预先构建的多维数据立方体，用户可以从不同维度、不同粒度对数据进行分析，从而获得更为全面、动态，并且可随时加总或细分的分析结果。测评结果可根据需要多维度组合分析，且能够从多年数据分析中找出规律，挖掘短板，对干部评价趋势进行预测。

4.2 数据挖掘。一是进行描述性分析，针对过去揭示规律；二是进行预测性分析，面向未来预测趋势。数据挖掘把数据分析的范围扩大到"未知"和"将来"。

4.3 数据可视化。以图形、图像、地图、动画等可视化方式展现数据分析结果，更好地诠释数据之间的关系和发展趋势。

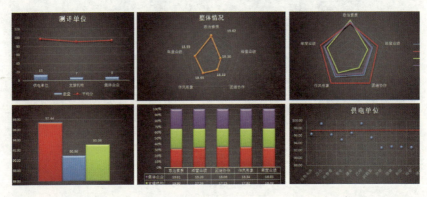

干部考评系统可视化展示

通过项目实施，干部综合考评工作质效得到提高。2017年末，运用干部考评系统完成全公司28家基层单位领导人员网上测评后，系统5分钟内完成数据分析、报表生成。测评系统设有强制校错功能，杜绝了漏填、错填现象，保证网络测评票有效率100%，提升了年度干部考评工作质效。

为深入考准写实提供基本依据。从网络测评结果中初步了解掌握干部的异常变化和特殊状况，制定考察方案和个别谈话提纲，抓住主要矛盾，增强现场谈话考评的针对性，为找准病灶、深挖原因提供了支持，增强了干部考核写实画像的准确度。

深化"大数据"运用基础。全面采集干部"三龄两历"、专业经历、家庭现状、历年考察考评结论等信息，同时充分利用现有 ERP 系统、绩效管理系统、各类生产营销系统、网络大学、一体化办公平台、桌面终端等，动态收集相关数据，形成干部信息大数据。围绕政治素质等重点考评内容，深度挖掘分析各信息系统中的数据源，明确数据分析的基本元素。

进一步强化干部队伍分析。针对不同需求、不同场景，运用相对应的算法，进行大数据分析挖掘。对干部某年度所分管专业、主持重大项目、绩效等级、奖励惩处、综合评价等进行多维度统合，生成专业能力分析报告，挖掘干部在某一专业或管理领域的优势与短板。基于干部基本信息、专业能力、工作业绩等数据库，用关联分析、决策树分析等算法模型，为干部评价、干部选用提供决策依据。

六、以干部访谈模式创新提高考评效果

国网山西省电力公司（以下简称"国网山西电力"）是国家电网公司的全资子公司，以电力生产、建设、调度、经营及电力规划研究等为主营业务，下设 11 个市供电公司、102 个县级供电公司，肩负着全省 3600 万人民电力供应的基本使命，

承担着向京津唐、河北、江苏、湖北等地外送电力的重要任务，服务客户约 1020 万户，2017 年全社会累计发电 1990 亿千瓦时。

近年来，国网山西电力大力加强领导力建设，针对干部考评手段单一、考评结果不够精准、考评效果参差不齐的问题，持续探索干部访谈新模式、新方法，不断提升干部考评的科学性、准确性和实效性。

针对以往干部人事考评工作存在的四方面不足（见下图），国网山西电力广泛搜集文献资料，综合运用文献研究法、实践分析法等方法，深入分析国内外人才考评工作，总结提炼了三项干部人事访谈工作原则。

1 访谈方案设计不科学

2 没有统一的访谈标准和流程

四方面不足

3 评价干部不够全面、精准

4 访谈结果应用单一

重视数据，避免直觉。

访谈过程和访谈问题的结构化。

情景性、行为性问题具有较高的信度和效度。

在实际操作过程中，结合新时期的用人标准，聚焦提升干部人事考评访谈工作的有效性，立足国网山西电力实际，按照"访谈设计—访谈实施—结果应用"三个环节，创新构建了干部人事考评访谈的"123456"模型，全流程科学设计领导班子和干部考核访谈流程。"123456"干部人事访谈结构模型如下：

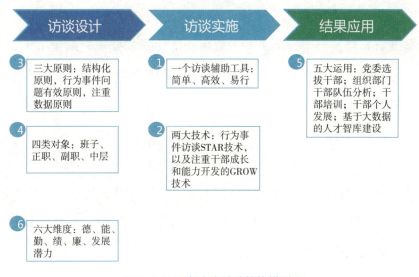

"123456"干部人事访谈结构模型图

1. 访谈设计环节

1.1 访谈设计坚持三项原则

一是坚持以结构化访谈为主的原则。研究和实践表明，根据不同的目的和对象，经过预先策划的结构化访谈，访谈结果的信度和效度更高。二是坚持访谈提问以关键行为事件为主的原则，以干部现实表现预测未来胜任能力。三是坚持考评访谈结果向数据化定量方面倾斜，避免个人直觉和片面印象。

1.2 系统设计四类对象访谈计划

以处级干部胜任力模型为基础，将考评对象分为领导班子、正职干部、副职干部和中层干部四类主体，兼顾全面性、针对性、创新性和可操作性要求，分类制定访谈计划，对处级干部提出了 8 个、班子提出了 6 个方面的能力素质要求，细化了 172 个行为指标，明晰各类主体考评访谈的侧重点，以有效提升考评结果的针对性、准确性。

1.3 联系干部队伍建设实际确定 6 方面指标维度

即在"德、能、勤、绩、廉"5 个基础指标维度的基础上，结合国网山西电力干部队伍结构老化，年轻干部占比小、阅历少的情况，增加了对年轻干部发展潜力的测评，加快完善有利于年轻干部脱颖而出的培养锻炼机制。

2. 访谈实施环节

2.1 采用一览式、表单式访谈辅助工具

为提高访谈效率和可操作性，围绕每个考评指标，延展式将考评重点、关键行为表现、问题库、评级评分情况纳入一张考核记录表。对每个考评指标设置可观测的关键行为表现和可实施的问题库，使考评访谈重点聚焦、简便易行。

考评指标	考评重点	关键行为	问题库	评级评分
自身建设	从政治素养、廉洁自律、学习能力等三方面了解领导人员对自身综合素质的提升是否有严格的要求和合理的方式、方法。	正确领会上级政策及部署，不折不扣执行落实。 加强理论学习。有行之有效方法对政治、文化、专业、领导知识的进行学习积累。 注重实践学习。把在理论中获得的认识和经验加以概括和总结，并运用到工作的实践中。	您对自己如何评价？ 在自身建设上有什么进步？有什么待加强的？ 在学习方面，除了日常规定的必须开展或者参加的学习之外，您平时的自学情况是怎么样的？ 最近看了哪些书？您从中获得了什么有用的信息？ 您觉得哪些方面还需要加强，您有什么具体的打算或者计划吗？ 已经在按计划执行了，还是只是刚刚制定的计划？ 落实情况怎么样，能够按照自己的计划执行吗？	优秀良好一般较差0—5分

2.2 运用两大技术提升访谈质量

在干部考评访谈过程中，运用 STAR（Situation Task Action Result 首字母缩写）技术了解干部各项能力素质真实情况，运用 GROW（Goal Setting Reality Options Will 缩写）技术帮助被访谈干部更加深入、客观了解自己，帮助和促进其持续改进提升。

3. 考评结果应用环节

推进考评结果五方面有效应用

数据化、对比式的考评结果可有效应用于干部管理的五大方面。一是服务党委选人用人决策；二是服务组织部门干部队伍分析研究；三是为干部培训工作提供需求导向；四是有利于促进被考评干部查缺补漏，持续改进提升；五是支撑公司大数据人才智库建设。

通过项目实施，建立了量化的干部考评体系。传统的干部考评主要以定性化评价为主，具有较强的主观性，可测量、可对比性差，对整体干部工作促进作用有限。而以结构化、数据化为基础的干部访谈新模式，可有效提升干部考评工作的科学化、信息化水平。创新式增加了干部考评的发展性维度。满足国网山西电力优化干部年龄结构，加快优秀年轻干部培养锻炼需要，在"德、能、勤、绩、廉"传统考核维度的基础上，增加了对年轻干部发展潜力的考评。全过程规范了干部考评流程。按照规范化、结构化设计要求，组织编制了《"123456"模式干部访谈工作手册》，内容涵盖访谈人员培训、访谈流程节点、考评维度定义、评分标准说明、访谈问题库、评估及报告等6方面内容，为干部考评提供了全过程、可操作、可借鉴的工作指南。

七、领导班子和领导人员信息大数据池研究

南瑞集团有限公司（国网电力科学研究院有限公司）（以下简称"南瑞集团"）是国家电网有限公司直属单位，经过多年自主创新发展，已成为我国技术水平最高、产业规模最大的电力系统自动化、超/特高压交直流输电、柔性交直流输电、水利水电自动化、轨道交通监控等领域的成套设备供应商和整体解决方案提供商。

南瑞集团是由科研院所进行市场化改制成立的企业，人才和技术密集，市场化运作特征显著，专业类型多、业务范围广、单位间发展不均衡，如何考准考实领导人员，构建科学有效的激励

约束机制，一直以来是干部工作中着重思考的问题。为此，南瑞集团党委坚持以建设高素质专业化干部队伍为主线，紧扣中央干部工作要求，结合产业发展实际，找准研究方向，运用大数据思维，着力解决干部评价和班子配置等工作存在的现实问题。

南瑞集团领导班子运行、领导人员成长和领导人员日常管理过程中会产生大量的考评数据。这些数据庞杂多样，分析其特性，从来源上来说，数据来源渠道广泛，若无体系化的采集机制，易造成数据不完整，影响可用性；从内容上来说，其一数据类型多样，既有量化评价又有主观描述，给应用造成困难，其二数据随时间连续动态变化，静态观察无法掌握干部成长的动态规律；从存储上来说，数据日常为碎片化、分布式存储，价值密度较低，不利于综合应用。

针对领导班子和领导人员考评数据呈现出的海量规模、时变连续、类型多样和价值密度低等显著特征，南瑞集团引入大数据理念和信息化手段，对各类数据进行捕捉采集、处理分析、存储应用，探索开发了领导人员大数据综合信息系统，把选人用人的各项要求转化为数据语言，把领导人员成长选任管理的规律性认识转化为数据项设置，着力推进数据资源化和再加工增值，持续提升干部工作科学化水平。

1. 大数据采集分类

参照现代物流业管理理念，搭建存储仓库、桁架结构及装配货柜，依托信息化手段，建设考评大数据池，总体分为领导人员和领导班子两类数据，并基于实际应用场景设计数据结构和精准入库机制。

对领导人员个体，设置专业经历（Profession）、工作绩效（Performance）、关键能力（Ability）、个性特征（Personality）等 4 个一级分类，协同工作关键事件、审计纪检台账等关联信息，抓取人事档案数字化系统录入信息，构建较为完整的立体化评价框架。根据数据的性质，对领导人员各类静态数据、动态数据和质化数据，综合采用履历分析、档案审核、专项测评、谈话了解等手段捕捉采集有效信息，设计 19 个表单及 258 个三级数据项分类装载。

对领导班子整体，考量班子配置、班子成员、业绩考核 3 个一级维度，统筹设计班子专业配备、年龄结构、任职交流和考核情况，成员基本素质、成长经历和测评情况，以及单位组织绩效等 8 项表单，对领导班子运行过程中产生的各个数据采集后按 87 个三级数据项有序归类。

2. 大数据预处理

领导班子和领导人员的考评数据类型多样、时变连续，特别是异构数据，由于缺乏统一的标准和规范，数据的对比、流动和共享存在困难，为此引入模式匹配、数据拟合等技术手段，旨在提升数据的可用性和集成度。

在模式匹配上，通过对多样的数据进行模数转换，比如运用履历分析技术，将所从事专业分为 8 大类 33 小类，并统计分析专业层高和专业时长等要项，进行专业能级量化赋分，易于选配时进行能力筛选；运用层次分析理论，构建领导力"八力"模型，通过 360 度行为访谈和能力盘点，参照综合能力基准对"八力"模型各项指标评分，考量浮动频度和振幅判断领导人员能力特征和短板。由此统一评价标准，量化研判领导人员专业经历、学历

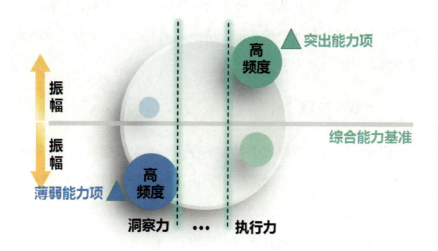

领导人员专业能级量化示意图

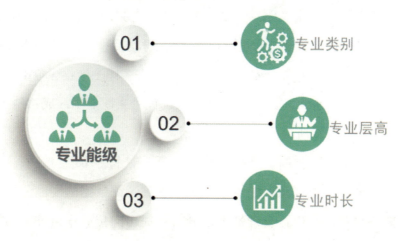

领导力能力要顶量化示意图

职称、年龄状况和领导能力、工作实绩等信息项，并运用雷达图、饼状图、进度图等直观化图表，提升评价的客观性和精准度。

在数据拟合上，通过长期对随时间变化数据的监测，通过运用数据清洗、回归分析等处理技术，准确识别出噪声和离群点，做实领导人员个体和队伍整体关键数据线性分析和数据挖掘，识别领导人员"一贯"表现，把控队伍素质发展情况，预测未来变化走势，提前制定应对举措。

3. 大数据应用

构建领导人员考评数据存储平台，拓展大数据池效用，依托存储平台开发加载相应功能应用模块，与领导人员交流培养、领导班子配置优化，以及队伍规划建设等工作过程强耦合，加强多元数据融合，充分挖掘各类数据价值。

干部评价方面，立体化呈现领导人员个体全息投影，连续盘点长期以来工作表现、能力、实绩和民主测评、推荐等数据项，掌握"一贯"表现，通过研判专业能级和领导力能力要项得分情况，结合气质类型、奖惩情况、关键事件、民主推荐等考量，筛选出符合目标岗位的预备人选，或设计个人职业生涯成长地图，或针对能力素质缺项制定培养计划。

班子研判方面，全景展现领导班子专业、年龄、气质、经历等结构配置现状，提供领导班子关键考评数据的线性分析和走势预测，并进行合理性主动分析，提出岗位胜任条件、结构优化需求、能力建设要项，针对性采用组织选配、市场化选聘或领导班子全员起立竞聘上岗等方式调优班子配置，增强班子整体功能。

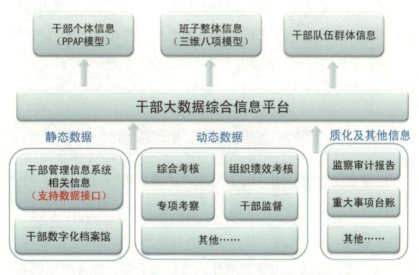

领导人员考评数据存储平台开发示意图

　　队伍盘点方面，实时掌握领导人员队伍自然属性、层次结构、数量特点等配比信息，统计分析某段时间内的存量和流量，监控和主动预警变动因素，有利于针对性开展队伍培养，加强年轻干部和紧缺专业干部储备，细化队伍数量结构、专业结构、年龄结构、素质结构等设定目标，保证各专业、各层级选人有空间、用人有选择，推动建设高素质专业化干部队伍。

　　南瑞集团首期开发的领导人员大数据综合信息系统，内嵌的考核数据解析、班子配置展现、胜任能力评价、队伍数据分析等有关功能应用实现上线运行，经在南瑞集团近一年时间的实践应用，表明对领导班子和领导人员综合考核及闭环反馈、领导人员队伍存量流量分析、领导班子配置优化和领导人员能力培养等事项提供了精准抓手，显著提升了响应效率。领导班子和领导人员信息大数据池相关研究成果获国家电网有限公司 2017 年度领导力开发研究课题二等奖，并刊发于第 2190 期国家电网工作动态，综合信息系统现已推广至部分省级电力公司试应用，受到业内广泛关注。

八、基于三项制度改革的领导人员激励约束机制建设

许继集团有限公司（以下简称"许继集团"）是国家电网公司直属产业单位，是专注于电力、自动化和智能制造的高科技现代产业集团。集团聚焦于特高压、智能电网、新能源、电动汽车充换电、轨道交通及工业智能化六大核心业务，综合能源服务、智能制造、智能运检、先进储能、军工全电化等五类新兴业务，致力于为国民经济和社会发展提供高端能源和电力技术装备。

许继集团控股 1 家上市公司，下设 17 家子（分）公司，打造了河南许昌研发中心和北京、上海、西安、哈尔滨 4 个研发分中心，以及许昌、珠海、福州、厦门、济南、哈尔滨、成都等 7 个产业基地，设立了东南亚、中东、非洲、俄罗斯、南美洲等地 7 个海外代表处，管理员工 1 万余人。

当前，国资国企改革全面深化，发展方式发生深刻转变，产业转型升级任务艰巨，深化机制创新、激发创新创造活力迫在眉睫，破解发展难题、释放市场化改革红利刻不容缓。2017 年以来，许继集团确立"创新驱动、质量为先、服务保障、降本增效、

激励约束"20 字工作思路，以促进企业和员工共同发展为宗旨，以改革创新为动力，以激发队伍活力为目标，不断强化领导人员激励约束机制建设，在深化"三项制度"改革上持续发力。

许继集团结合新时期"三项制度"改革要求，为充分调动干部干事创业积极性，激发组织活力和价值创造能力，在"干部能上能下"和"收入能增能减"上采取了一些行之有效的举措。

1. 创新机制，全面推进干部"能上能下"

一是印发《关于推进干部能上能下的实施意见》。针对干部不符合岗位要求、不适宜担任现职、健康原因无法完成工作、违法违纪、达到任职年龄或任期（任职）年限、履职尽责不到位等情况，经综合分析研判，及时进行"能下"调整。二是完善保障机制。健全考评体系，坚持定量考核与定性评价相结合，既看工作业绩，又看基础潜力，既进行横向比较，又进行纵向分析，全面、系统、多视角考准干部。强化监督管理，建立容错纠错机制，坚持实事求是、客观公正，鼓励干部开拓进取、勇于担当，保护改革创新积极性。

2. 强化经营，实施产业单位建制"能升能降"

印发《关于加强所属产业单位业绩评价等级管理的实施意见》，坚持短期目标与长远发展相统一，重点围绕所属产业单位的成长能力、盈利能力、运营能力、风险控制能力、经营难度等方面开展综合评价，既评价规模，也评价增速；既进行定量考核，也进行定性评价。依据综合评价结果，将所属单位划分为A、B、C、D四个等级，对连续两年为A级的副处级或正科级单位，对其建制对应上调为正处级或副处级；对当年评价为D级或连续两年为C级的单位，正处级或副处级对应降为副处级或正科级。并将单位建制升降应用于干部选拔任用和薪酬待遇核定，推动实现"业绩升、建制升、职级升、薪酬升，业绩降、建制降、职级降、薪酬降"的动态管理，引导企业提质增效升级，实现做强做优做大目标。

3. 转变作风，实施总部管理部门"等级管理"

印发《关于加强本部部门业绩评价等级管理的实施意见》，坚持差异考核、精准评价，围绕总部各部门年度重点目标任务、党建工作、减项指标和360度测评等方面进行综合评价。依据评价结果将各部门划分为A、B、C、D四个等级，并将综合评价等级作为部门负责人正副职职务升降、岗位调整、薪酬发放等方面的重要依据。部门当年评价为A级的，对部门负责人及内部骨干优先提拔使用；当年为D级或连续两年为C级的，对部门负责人采取调离岗位、改任非领导职务、免职（撤职）、降职（降级）等方式予以调整。实现从集团整体绩效到部门绩效的分层传递，引导总部部门进一步转变工作作风，提升服务意识和大局观念。

4. 变革营销，推行营销干部"赛马制"

印发《营销业务领域干部能上能下实施方案》，以业绩考核为牵引，树立"一切以客户为中心"理念，围绕用户与市场、产销研协同一体化，全面深化"大营销"体系变革。围绕订货、回款、团队建设、管理提升等，进行综合考核。根据考核情况，对业绩优秀、为经营指标完成作出突出贡献者，给"帽子"、给"票子"、给"面子"，优先对其提拔使用，享受处级、科级相应待遇，并给予评先评优荣誉激励；对能力低、业绩差的，经综合研判，撤销其相应待遇，予以转岗、降职、降级、降薪等方式调整。打通营销人员晋升与淘汰渠道，引导集团快速适应市场形势变化，加快推进营销服务转型升级，提升精益营销水平。

许继集团基于"三项制度"改革的领导人员激励约束机制建设取得良好实效。2017 年至 2018 年，许继集团先后免职 4 名处级干部，3 名降为二级职员、1 名降为三级职员，3 名副处级干部降为三级职员，正常退休 2 人、退二线 2 人。新提拔处级干部 21 人，其中正处级 4 人、副处级 17 人，80 后 5 人、70 后 14 人。2017 年底，许继集团结合考核情况，对 86 名中层干部加薪，人均上涨 19%，最高涨幅 58%；92 名中层干部降薪，人均下降 15%，最大降幅 42%。

通过一系列举措，许继集团全面实现"干部能上能下"、"收入能增能减"，激发了干部队伍活力、催生了干部干事创业动力，逐步建成了一支"想干事、能干事、会干事、干成事、不出事、好共事"的高素质专业化干部队伍，为许继集团努力建设国际领先的电工装备制造商和电力系统服务商提供了坚强保障。

第五章
面向新时代的再思考与再探索

　　面对新时代的新形势和新挑战，国有企业领导班子和领导人员考评必须有新思考新作为。中央作出的系列决策部署，企业发展环境战略的不断调整，都需要考评工作从导向、理念、目标、要求等各方面进行前瞻性、基础性研究探索，以改革创新的精神大胆探索借鉴，推动工作高质量发展。

一、全面把握建设高素质干部队伍的内在要求

　　建设高素质干部队伍是适应新时代中国特色社会主义发展的重点要求，是对党的干部队伍建设思想的继承和发展。在 2018 年 7 月召开的全国组织工作会议上，习近平总书记深刻阐明了新时代党的组织路线，即：全面贯彻新时代中国特色社会主义思想，以组织体系建设为重点，着力培养忠诚干净担当的高素质领导人员，着力集聚爱国奉献的各方面优秀人才，坚持德才兼备、以德为先、任人唯贤，为坚持和加强党的全面领导、坚持和发展中国特色社会主义提供坚强组织保证。这一重要论述，在我们党

的历史上是第一次，是对马克思主义党建学说的开创性贡献，具有里程碑意义，为新时代党的建设和组织工作指明了前进方向，提供了根本遵循。

贯彻落实新时代党的组织路线，建设忠诚干净担当的高素质干部队伍是关键。习近平总书记强调，围绕干部培育、选拔、管理、使用工作这个重点，要建立源头培养、跟踪培养、全程培养的素质培养体系，建立日常考核、分类考核、近距离考核的知事识人体系，建立以德为先、任人唯贤、人事相宜的选拔任用体系，建立管思想、管工作、管作风、管纪律的从严管理体系，建立崇尚实干、带动担当、加油鼓劲的正向激励体系。通过制度把好干部选出来、用起来，把正确用人导向树立起来，充分调动各级干部的积极性、主动性、创造性。

习近平总书记关于党的建设和组织工作重要思想，特别是建设高素质干部队伍的工作要求，为新时代国有企业领导人员队伍建设提供了根本导向和行动指南。国有企业作为我国经济建设的主体和国民经济发展的主导力量，其领导人员是党在经济领域的执政骨干，是治国理政复合型人才的重要来源，肩负着经营管理国有资产、实现保值增值的重要责任。完善国有企业领导人员考核评价体系，是新时代培养忠诚干净担当的高素质干部的一项重要内容，必须深刻领会日常考核、分类考核、近距离考核等干部考评手段的内涵，强化分类考核，近距离接触干部，使选出来的干部组织放心、群众满意、干部服气。

强化日常考核就是要进一步完善"三位一体"常态化考评机

制。建立和完善科学的干部日常考核评价体系，按照科学合理、客观公正、便于操作的原则，从日常考核、年度考核和综合考核三个层次入手，不断推进国有企业领导人员考核工作科学化、民主化和制度化。一要通过日常考核对领导班子和领导人员进行经常性考核评价；二要通过年度考核对本年度领导班子和领导人员履行岗位职责情况进行考核评价；三要通过综合考核对领导班子和领导人员的政治素质、履职能力、工作实绩、作风建设和廉洁自律等情况进行全面考核评价。

强化分类考核就是要分类型、分重点、分群体精细考准领导人员。注重分析把握不同区域、不同行业、不同级别、不同年龄国有企业领导人员特点，提高领导人员考核评价的客观性和针对性，为选好用好高素质领导人员夯实基础。一要分类型确定内容，"因地制宜"考核，将国有企业按不同类型分类，设定不同的考核指标体系；二要分重点设置标准，"量体裁衣"评判，将定性项目和定量指标相结合，正向测评和反向测评相结合，实施实绩综合分析制度，全面了解领导人员表现；三要分群体个性评价，"分门别类"画像，将领导人员分为正职和副职进行分类考核，对历年的考核实绩实行数据库管理，为评判、任用领导人员提供最形象的依据。

强化近距离考核就是要经常性、近距离、有原则地接触领导人员。建立国有企业领导人员知事识人体系，要把功夫下在平时，多渠道、多层次、多侧面深入了解、全面掌握领导人员表现，有原则地多接触领导人员。一要讲党性，坚持党管干部原则不动摇，坚持党的政治领导、思想领导和组织领导相统一，时刻站在全党大局和人民群众立场上考虑问题、识别领导人员；二要有方法，要善于透过现象看本质，从细微处见真实，近距离接触领导人员，多角度观察领导人员，坚持考察与一贯表现有机结合，甄别领导人员的道德品质和综合素质；三要敢担当，要坚持"三个区分开来"，探索建立容错纠错机制，为冲锋陷阵、敢于亮剑、勇于改革、无私奉献者担当，为干事者撑腰打气，充分调动领导人员干事创业的积极性。

二、紧密围绕"六个力量"作用发挥

"国有企业是中国特色社会主义的重要物质基础和政治基础，是我们党执政兴国的重要支柱和依靠力量。"2016 年 10 月 10 日至 11 日召开的全国国有企业党的建设工作会议上，习近平总书记用"成为党和国家最可信赖的依靠力量，成为坚决贯彻执行党中央决策部署的重要力量，成为贯彻新发展理念、全面深化改革的重要力量，成为实施'走出去'战略、'一带一路'建设等重大战略的重要力量，成为壮大综合国力、促进经济社会发展、保障和改善民生的重要力量，成为我们党赢得具有许多新的历史特点的伟大斗争胜利的重要力量"这"六个力量"对国有企业做出了新的历史定位，是对中国国有企业总使命、总宗旨和总愿景、总战略的高度概括和总结。每一个国有企业必须按照这个总的定位去定义自己的使命、愿景和战略，而对于企业领导班子和领导人员作为"在经济领域为党工作"的组织和人员的考评,必须要紧扣这个定位。

当前在我们有的国有企业,还不同程度地存在着党的领导弱化,主体责任缺失,管党治党不严,党的路线方针政策未能得到有效贯彻等问题。这些问题如果解决得不好,国有企业是不可能成为党所依靠的"六个力量"的。因此,我们只有在加强和完善党对国有企业的领导、加强和改进国有企业党的建设的基础上,充分发挥国有企业党组织的领导核心和政治核心作用,保证党和国家的方针政策、重大部署在国有企业得到认真贯彻执行,以提高国有企业效益、增强国有企业竞争实力,实现国有资产保值增值作为国有企业党组织工作的出发点和落脚点,牢固树立政治意识、大局意识、核心意识、看齐意识,把"爱党、忧党、兴党、护党"落实到安全、生产、经营等各项实际工作中。加强和改进国有企业党的建设,使之成为党所依靠的"六个力量",必须坚持全心全意依靠工人阶级。坚持全心全意依靠工人阶级的方针,是坚持党对国有企业领导的内在要求。国有企业要着力推进以职工代表大会为基本形式的民主制度建设,坚持做好厂务公开、业务公开等工作,落实职工群众的知情权、参与权、表达权、监督权,充分调动职工群众的积极性、主动性、创造性,凝聚正能量。这些目标的落实都是需要在考评中重点研究和解决的。

三、突出新担当、新作为

中共中央办公厅印发的《关于进一步激励广大干部新时代新担当新作为的意见》（以下简称《意见》），提出要"充分发挥干部考核评价的激励鞭策作用"。未来国有企业领导层考评，也要突出干事创业、担当作为。对此，就如何将其指导和纳入考评的改进，我们进行了展望和思考。

新担当新作为对激励干部的意义。《意见》的出台，具有重大的现实意义和深远的战略考量。这是面向新时代，推动党和国家事业发展的迫切需要；这是顺应新形势，推动全面从严治党向纵深发展的内在要求；这是落实新要求，建设高素质专业化干部队伍的紧迫任务；这是聚焦新问题，建立激励机制和容错纠错机制的重要措施。

中央专门就激励干部担当作为印发文件，目的就是为了深入贯彻习近平新时代中国特色社会主义思想和党的十九大精神，充分调动和激发干部队伍的积极性、主动性、创造性，激励广大干部在新时代担当新使命、展现新作为，努力创造属于新时代的光辉业绩。

《意见》坚持以习近平新时代中国特色社会主义思想和党的十九大精神为指导，以有效调动广大干部干事创业的活力动力为主线，以解决干部不想为、不能为、不敢为等问题为重点，从加强思想教育、树立正确用人导向、发挥考核评价作用、建立健全容错纠错机制、提升干部能力素质、热情关心关爱干部、凝聚创新创业合力等方面提出一系列要求。概括起来，主要有三个特点：一是宣示性。坚持正向激励主基调，立足事业需要，回应群众呼声，顺应干部期待，体现倡导性、引领力，释放出促进干部积极作为、奋进奋发的强烈信号。二是指导性。坚持目标导向和问题导向相结合，着眼解决干部选拔任用、考核评价、容错纠错等方面的重点难点问题，提出原则性要求，为各级党组织结合实际抓好落实提供遵循。三是统筹性。坚持系统谋划、综合施策，不是单从干部工作某个方面作出规定，而是统筹考虑影响干部积极性的因素，着力将干部选育管用的各个环节衔接起来，将政治教育、思想引导、待遇保障、人文关怀等方面贯通起来，作出整体性部署、制度化安排。

新担当新作为对考评机制的新要求。"有官必有课，有课必有赏罚。"科学有效的考核是干部选拔、调整、激励、约束的重要手段。《意见》明确提出要充分发挥干部考核评价的激励鞭策作用，切实解决干与不干、干多干少、干好干坏一个样的问题，从"考什么、如何考、结果怎么用"等方面提出要求，凸显了干部考核工作的问题导向、目标导向、效果导向。比如，围绕"考什么"，提出要适应新时代新任务新要求，把贯彻执行党中央决策部署的情况作为考核重点，突出政治考核、作风考核、实绩考核，体现差异化要求，合理设置干部考核指标。特别强调要完善政绩考核，引导干部牢固树立正确政绩观，力戒形式主义、官僚主义。围绕"如何考"，提出要制定出台党政领导人员考核工作条例，构建完整的人员考核工作制度体系，改进考核方式方法，增强考核的科学性、针对性、可操作性。围绕"结果怎么用"，提出要将结果作为干部选拔任用、评先奖优、问责追责的重要依据，同时加强考核结果反馈，引导干部发扬成绩、改进不足、忠于职守、担当奉献，更好地调动和保护各区域、各战线、各层级干部的积极性。

用考核激励干部担当作为。一是在目标上下功夫。"考什么"是新时代考评的基础。要突出对党中央决策部署贯彻执行情况的考核，按照精准化、差异化的要求，合理设置干部考核指标。"考什么"是我们要不断探索的目标。我们的考核体系要紧跟党中央最新要求，围绕建设高素质专业化领导人员队伍这一主线，不断升级优化，把目标设定得更加科学，更加贴近实际。指标更准确更细化才能对领导人员精准画像，有的放矢，从而更加有效地激发干部工作热情。二是在方法上勤探索。"如何考"是新时代考评的重中之重。我们在目前的考评中主要倾向于大规模的、专项的、定时的模式，我们现行的平时考核机制还存在颗粒度大，操作不便，画像不准等诸多问题，亟待解决。在新时代新要求下，要深入掌握优秀的领导人员的各方面业绩、表现，激励他们干事创业，必须建立长期的、连续的、精细的考核机制，让广大领导人员时刻感受压力，激发活力，产生动力。我们要在现行考评模式的基础上不断细化升级，交流、思考、探索，摸出一条激励干部担当作为的考评新路。三是在结果上多运用。考评的结果不运用，就起不到应有的作用。要围绕"结果怎么用"，将结果作为选拔任用、评先奖优、问责追责的重要依据，同时加强考核结果反馈，引导领导人员，发扬成绩、改进不足、忠于职守、担当奉献，确保考核导向明确，作用突出。要坚持考用结合，真正使考核结果与干部的选拔任用、评先奖优、治庸治懒、问责追责、能上能下等挂起钩来，切实解决干与不干、干多干少、干好干坏一个样的问题。尤其要注重看干部是直面困难、积极作为还是消极推诿、转移责任，是"真作为"还是"假政绩"。对那些急于求成、寅吃卯粮、弄虚作假、盲目举债搞建设的，不仅不能用，还要严格惩戒。引导干部强化"功成不必在我"的境界和"功成必定有我"的担当。

通过考评实现容错纠错。《意见》规定的"三个区分开来"是为了消除干部担当作为的后顾之忧。党的十九大报告指出，旗帜鲜明为那些敢于担当、踏实做事、不谋私利的干部撑腰鼓劲。《意见》正是落实党的十九大精神，为"敢探索、勇创新"的干部减压力、兜底子，引导广大干部争做新时代的奋斗者、搏击者。另一方面，宽容不是纵容，保护不是庇护。专家表示，《意见》是对担当负责干部的"护身符"，不是违纪违法干部的"挡箭牌"；这既是为干部大胆探索、勇于创新划出的"安全区"，也是为干部依法办事、规范用权戴上的"紧箍"。

如何对待干部在担当作为时犯的失误错误？《意见》指出，坚持有错必纠、有过必改，对失误错误及时采取补救措施，帮助干部汲取教训、改进提高，让他们放下包袱、轻装上阵。也就是说，容错不是最终目的，重点在于及时补救，并注意总结教训，吃一堑长一智，防止一容了之。

考评如何支撑容错纠错？关键在于抓住影响干部干事创业、

担当奉献的症结，激励广大干部在新时代担当新使命、展现新作为，就要建立激励机制和容错纠错机制。考评如何支撑容错纠错机制呢？从实践考虑，一方面是如何把握激励的方向，激励尺度，强化激励的效果。这方面必须进一步领会《意见》精神，探索干部能上能下的方法渠道，对不担当、不作为的干部，要根据具体情节该免职的免职、该调整的调整、该降职的降职，使能上能下成为常态。激励干部新担当新作为，必须态度坚决、措施有力，把那些作风飘浮、热衷搞花拳绣腿的干部，消极懈怠、萎靡不振的干部，不愿负责、不敢碰硬的干部，果断调整下去。另一方面是确定失误错误该不该容，能不能容，怎么去容，怎么去纠，这些都需要依据考核考察作出客观评价。考核指标的科学性，评价结果的客观性都关系到对干部错误情况的认定和评估，必须与时俱进不断探索和尝试，才能走出符合新担当新作为要求的考评新路。

四、紧盯"具有全球竞争力的世界一流企业"战略

面向新时代，许多国有企业特别是中央企业确立了"世界一流"的战略目标，这是贯彻党的十九大精神和习近平新时代中国特色社会主义思想、积极适应产业革命和科技革命的重要举措。国家电网公司准确把握发展的历史方向，满怀豪情投身新时代，奋发有为建设新时代，忠诚担当服务新时代，树立做全球能源革命的引领者、服务国计民生的先行者的坚定信念。

2018 年 1 月 20 日，国家电网公司在三届三次职代会暨 2018 年工作会议上，提出"建设具有卓越竞争力的世界一流能源互联网企业"这一符合新时代要求、符合能源生产和消费革命趋势、符合现代企业发展规律的新时代战略目标。同时明确了实现目标的三个阶段：到 2020 年，全面建成"一强三优"现代公司，建设具有卓越竞争力的世界一流能源互联网企业取得重大进展；到 2025 年，基本建成具有卓越竞争力的世界一流能源互联网企业；到 2035 年，全面建成具有卓越竞争力的世界一流能源互联网企业。公司新时代发展战略的确立，彰显了国家电网公司突出政治建设和责任担当，体现出贯彻创新发展理念、推动创新绿色发展的坚定决心。

发展战略管全局、管长远，是决定企业经营活动成败的关键性因素。与时俱进提升战略，更是企业不断从胜利走向胜利的重要前提，这需要企业的各级领导人员准确地把握战略目标和战略安排。在确立战略目标的前提下，进一步明确指导原则和发展思路，才能构成新时代企业发展战略的基本框架，同时也为推动发展战略的落地见效规划了路线。在付诸实践的过程中，企业需要充分把握战略目标和战略安排，准确把握指导原则和战略思路，确保始终沿着正确方向前进。该战略能否成功在于企业的各级领导人员以"一盘棋"的思想，坚定不移、牢固树立贯彻实现战略目标的意识，谋划发展战略发展的思路，以及落实发展战略的能力。

为保障战略目标的达成，需要围绕世界一流企业发展战略设计一套符合新时代企业发展要求的国有企业领导班子和领导人员考评模式。通过考评，把公司发展战略转化细化为企业切实可行、跟进实施的发展目标，确保国有企业在改革发展过程中战略目标的落地见效。不断强化企业负责人的方向感和使命感，使领导人员更加注重改革责任担当，更加注重提高发展质量，使之充分与企业发展战略的总体目标、基本内涵、发展路径等内容相融合，坚决把制度建设贯穿其中。在新时代发展战略的要求下需要做到什么、企业追求什么，对于领导班子及领导人员的考评模式就应该为之设计什么，考评要体现出与企业发展战略间相呼应的地位，更要体现出为发展战略目标落地，尤其是考量各方面对战略目标达成的贡献的服务职能。

通过考评，将把推动公司发展战略实施作为领导人员队伍建设的基本出发点，着力建设特别能担当、特别能战斗、特别能吃苦、特别能奉献的企业负责人，培养一批具有国际眼光、国际视野、国际业务的经营管理人才。强化战略导向和工作引领，把公司的发展目标转化为具体的发展动力，增强企业领导人员的危机感、责任感、使命感，使其把主要精力投入到创造工作业绩上来，为国有企业改革、公司发展注入源源不断的动力和旺盛的生命力。

五、贯彻创新发展理念，积极培育企业家精神

企业家精神是企业家拥有的一种与众不同的精神特质。习近平

总书记指出："我们全面深化改革就要激发市场蕴藏的活力。市场活力来自于人，特别是来自于企业家，来自于企业家精神。"2017年9月，中共中央和国务院出台《关于营造企业家健康成长环境弘扬优秀企业家精神更好发挥企业家作用的意见》，第一次以文件形式提炼了企业家精神，并阐释了它无可替代的价值，标志着对企业家精神的保护和弘扬进入新时代。意见用短短36个字对弘扬新时代优秀企业家精神提出要求，即：弘扬企业家爱国敬业遵纪守法艰苦奋斗的精神、创新发展专注品质追求卓越的精神、履行责任敢于担当服务社会的精神。同时十九大报告提出"激发保护企业家精神"。2018年政府工作报告指出"激发和保护企业家精神，增强企业家信心"。这些都充分体现了党中央对企业创新创业的高度肯定和殷切期待。

国有企业领导人员是企业家和高层管理团队群体中的一个特殊群体，他们身上，既有企业家的共同特质，又有国有企业领导人员的鲜明特征。他们驱动着中国经济的发展，为积累社会财富、创造就业岗位、促进经济社会发展、增强综合国力作出了重要贡献。党的十九大报告指出："要完善各类国有资产管理体制，改革国有资本授权经营体制，加快国有经济布局优化、结构调整、战略性重组，促进国有资产保值增值，推动国有资本做强做优做大，有效防止国有资产流失。深化国有企业改革，发展混合所有制经济，培育具有全球竞争力的世界一流企业。"落实十九大精神，国有企业领导人员肩负着经营管理国有资产、实现保值增值的重要责任，肩负着做强做优做大国有企业，不断提高企业核心竞争力的重大使命，国有企业上上下下对于企业家精神、创新创业创造的要求显得更加迫切。

考评要强化企业家精神，通过逐步完善容错机制、正向激励机制，完善对创新创造的考评措施，科学有效地激发其内生动力和领导才能。并从制度理念层面进行思考，从指标、结果等环节进行优化，鼓励探索创新，支持担当作为，允许试错，宽容失误，营造尊重企业家价值、鼓励企业家创新、发挥企业家作用的舆论氛围，鼓励探索，激励成功，激发创新意识和创新精神，以企业家精神推动国有企业创新健康发展。

六、强化新国企理念，解决突出问题

改革创新催生了新国企。新国企相对于传统国有企业在形式和内涵上具有较强的优越性。传统国企向新国企蜕变的过程中，需要迈过管理、体制等关口，其中重要的障碍和困难在于人事管理机制中"能上能下，能进能出、能增能减"等方面。

国企的领导人员长期困于"能上不能下"，这就造成干部规模逐年增长，职数紧张。尤其是一些不犯大错、不爱干事的干部，尸位素餐。目前没有一个很有效的机制和标准能够科学评价这些人，准确找出这些人，也没有渠道在找出以后把他们清出干部队伍，把能干的人选拔上来。"能上能下"，我们提出了很多年，但长期处于只听楼梯响，不见人下来的窘境。中间固然有中国长期以来"官本位"的历史禁锢以及通道机制等问题，还有一个不可忽视的现实因素就是考评结果的硬气底气不足，"下"的途径基本都是通过"安全、稳定、信访、廉洁"等红线、高压线对踩线者进行问责，很少有对思想不在状态的闲者、能力不足的平者、作风不强的庸者进行"下"的切实判断和处理。

中共中央办公厅印发的《推进领导干部能上能下若干规定(试行)》(以下简称《规定》)要求推动形成"能者上、庸者下、劣者汰"的用人导向和从政环境。国有企业具有更加灵活的选人用人体制和机制，更应该创新突破，敢想敢试。今天回头来看，干部能上不能下问题之所以没有得到有效解决，制度规定失之于宽、失之于软是重要原因。《规定》重点针对这一问题，作出了具体制度安排。一方面，强调严格执行已有的干部退休制度、任期制度，加大问责力度；另一方面，对调整不适宜担任现职干部的情形、方式、程序等作出明确规范，不仅对那些严重违法违纪的干部进行严肃查处，也对政治上不守规矩、工作上不担当不作为，能力不适应、作风不实的干部进行组织处理，切实弥补了制度规定的短板。这对于健全考评体系、健全干部能上能下制度机制、增强干部队伍生机活力提供了新的政策、理论和操作依据，是下一步考评研究的重点。

考评结果需要"硬"。考核作为队伍建设的基础性工作，具有"体检"、"画像"、"治理"等功能，恰当有效运用，能够促进干部找准问题、改进提高。领导人员"能上能下"，要让"上"的人员明白、让"下"的人员服气，最重要的底气就是要用做好做实做准的考评来说话。这就要求我们的考评结果要有说服力，更要有针对性，不但能客观评估领导人员业绩，还能够准确评估领导人员主观工作态度。我们要探索考评结果与选拔任用的关联方式，还要摸索与组织处理的挂钩，才能真正把考评的作用发挥出来。

考评标准需要"细"。考评需要解决"什么人下"的问题。领导干部的职位特点不同，相应的考评标准也有很大差异。因此，标准设定是解决领导干部"难下"的切入点。一是制定具有明晰性、稳定性、可预测性、可操作性的标准。《规定》中明确提出对4类领导干部"坚决进行组织调整"，包括"政治上不守规矩、廉洁上不干净、工作上不作为不担当或能力不够、作风上不实在的领导干部"。对这4类领导干部的特别强调，涵盖着政治品格、遵纪守法、廉洁奉公、胜任能力、工作作风等内容，界定出不合格领导干部的总体性标准依据，将这些依据转化为考核指标，有的放矢。还要细化不同层级、不同领域、不同岗位的领导干部考核标准体系，切忌主观性、随意性、偶发性，要义在于形成一种主导性的非人格化力量，为领导干部的升降去留提供稳定预期。二是明确制定考核标准的操作机构。在传统干部管理体制运行中，存在着一种较普遍的认识和实践误区：组织人事部门管"进"，纪检监察部门管"出"。这一误区产生的根源在于没有把领导干部的进退看作常态化的政治现象，混淆了常规考核与违纪处分两种"退出"标准之间的界限。实现领导干部能上能下的制度化，要求领导干部的"出口"前移，组织人事部门作为领导干部考核的主体机构，既要管"进"

也要管"出",而纪检监察机构则主要承担执纪监督问责的功能。二者之间要分工明确、密切协作,真正使干部考核标准落到实处。

责任编辑：郑　治
封面设计：王春峥
版式设计：孙姗姗
责任校对：苏小昭

图书在版编目（CIP）数据

国有企业领导班子和领导人员考评探究：以国家电网省级电力公司为例／国家电网
　有限公司专项课题组 编著 ．—北京：人民出版社，2018.7（2018.12 重印）
ISBN 978－7－01－019563－6

I. ①国… 　II. ①国… 　III. ①电力工业－企业领导－干部考核－研究－中国
　IV. ① F426.61

中国版本图书馆 CIP 数据核字（2018）第 158327 号

国有企业领导班子和领导人员考评探究

GUOYOU QIYE LINGDAO BANZI HE LINGDAO RENYUAN KAOPING TANJIU

——以国家电网省级电力公司为例

国家电网有限公司专项课题组　编著

人 民 出 版 社 出版发行
（100706　北京市东城区隆福寺街 99 号）

北京盛通印刷股份有限公司印刷　新华书店经销

2018 年 7 月第 1 版　2018 年 12 月北京第 2 次印刷
开本：710 毫米 ×1000 毫米 1/16　印张：15.75
字数：160 千字

ISBN 978－7－01－019563－6　定价：58.00 元

邮购地址 100706　北京市东城区隆福寺街 99 号
人民东方图书销售中心　电话（010）65250042　65289539